盘锦职业技术学院
学生手册

邓红伟　王　新　主　编

张恒凯　邓素霞　蔡志远　陈平海　副主编

化学工业出版社

·北京·

内容简介

本书汇集了国家教育法律法规、学校教学管理制度以及学校学生管理制度方面的内容。主要包括四个部分，第一部分为国家教育法律法规，第二部分为学校教学管理制度，第三部分为学校学生管理制度，第四部分为学校图书馆制度。本书是盘锦职业技术学院新生入学的必读手册，也可供其他高等职业院校的师生参考阅读。

图书在版编目（CIP）数据

盘锦职业技术学院学生手册 / 邓红伟，王新主编 .—北京：化学工业出版社，2013.10（2024.8 重印）

ISBN 978-7-122-18324-8

Ⅰ.①盘… Ⅱ.①邓…②王… Ⅲ.①盘锦职业技术学院—学生—手册 Ⅳ.①G718.5-62

中国版本图书馆 CIP 数据核字（2013）第 205104 号

责任编辑：满悦芝　石　磊　　　装帧设计：张　辉
责任校对：陈　静

出版发行：化学工业出版社（北京市东城区青年湖南街 13 号　邮政编码 100011）
印　　装：河北延风印务有限公司
710mm×1000mm　1/16　印张 11¾　字数 231 千字　2024 年 8 月北京第 1 版第 16 次印刷

购书咨询：010-64518888　　　售后服务：010-64518899
网　　址：http://www.cip.com.cn
凡购买本书，如有缺损质量问题，本社销售中心负责调换。

定　　价：29.90 元

版权所有　违者必究

前言

古人云：“不以规矩，不成方圆。”高职院校承担着为实现中华民族伟大复兴的“中国梦”培养生产一线专业技术技能的高素质人才的重任。依法建立科学、有效、完整的教育管理体系，并能根据不断变化着的国情、社情、院情及时、迅速地对其进行修订、整理、丰富，对促进学生全面发展、实现依法治校、科学治校、文明治校具有重大意义。

盘锦职业技术学院是1998年经国家教育部批准成立的辽宁省第一所以“职业技术学院”命名的综合性高职院校。学校地处渤海之滨，坐落于辽宁省盘锦市辽东湾新区，是辽宁省高职教育改革发展示范校、辽宁省高等职业教育兴辽卓越院校立项建设单位。60余年的办学历史，学校积淀了深厚的文化底蕴和办学影响力，成为盘锦市地方经济快速发展势头下高素质、技能型专门人才培养的摇篮。

学校教育的主体是学生，学生素质体现着学校的教育教学质量，影响着学校的未来发展。随着中国特色社会主义进入新时代，学校跨越式发展的新时代必然对各项管理服务工作，特别是教育教学和管理服务工作提出全新的挑战和更高层次的要求。为此，在学校党委的正确领导下，我们以社会主义核心价值观为导向，以“立德树人”为根本，将“优品质、强技能、好习惯、健身心；守信念，重实干，有梦想，永成长”作为培养目标，结合我校“一切为了教职员工的幸福工作、一切为了学生的健康成长、一切为了职院的高质量发展”的治理理念，先后制定和完善了一系列有关学生教育教学管理的规定、条例、办法和实施细则，一则为学校的教育教学管理工作提供抓手和依据，二则为学生全面了解、掌握我校的各项规章制度、自觉遵守校规校纪和法律法规起到指导作用。

本书在收录我校现行学生教育教学管理制度的基础之上，还收录了国家、辽宁省、盘锦市相关文件，并根据内容进行了分类编排，主要涉及国家政策法规、学生学籍管理、学生日常教育教学管理、学生奖助学金评选等方面。

由于时间仓促，本书在编写过程中难免存在疏漏和错误之处，恳请广大读者批评指正。

盘锦职业技术学院

二〇二四年八月

目 录

第一部分 国家教育法律法规

第二部分 学校教学管理制度

第三部分 学校学生管理制度

第四部分　学校图书馆制度

第一部分　国家教育法律法规

中华人民共和国高等教育法

（1998年8月29日第九届全国人民代表大会
常务委员会第四次会议通过
根据2015年12月27日第十二届全国人民代表大会
常务委员会第十八次会议《关于修改〈中华人民共和国
高等教育法〉的决定》修正第一次修正　根据2018年12月29日
第十三届全国人民代表大会常务委员会第七次会议《关于修改
〈中华人民共和国电力法〉等四部法律的决定》第二次修正）

目录

第一章　总则

第一条　为了发展高等教育事业，实施科教兴国战略，促进社会主义物质文明和精神文明建设，根据宪法和教育法，制定本法。

第二条　在中华人民共和国境内从事高等教育活动，适用本法。

本法所称高等教育，是指在完成高级中等教育基础上实施的教育。

第三条　国家坚持以马克思列宁主义、毛泽东思想、邓小平理论为指导，遵循宪法确定的基本原则，发展社会主义的高等教育事业。

第四条　高等教育必须贯彻国家的教育方针，为社会主义现代化建设服务、为人民服务，与生产劳动和社会实践相结合，使受教育者成为德、智、体、美等方面全面发展的社会主义建设者和接班人。

第五条 高等教育的任务是培养具有社会责任感、创新精神和实践能力的高级专门人才，发展科学技术文化，促进社会主义现代化建设。

第六条 国家根据经济建设和社会发展的需要，制定高等教育发展规划，举办高等学校，并采取多种形式积极发展高等教育事业。

国家鼓励企业事业组织、社会团体及其他社会组织和公民等社会力量依法举办高等学校，参与和支持高等教育事业的改革和发展。

第七条 国家按照社会主义现代化建设和发展社会主义市场经济的需要，根据不同类型、不同层次高等学校的实际，推进高等教育体制改革和高等教育教学改革，优化高等教育结构和资源配置，提高高等教育的质量和效益。

第八条 国家根据少数民族的特点和需要，帮助和支持少数民族地区发展高等教育事业，为少数民族培养高级专门人才。

第九条 公民依法享有接受高等教育的权利。

国家采取措施，帮助少数民族学生和经济困难的学生接受高等教育。

高等学校必须招收符合国家规定的录取标准的残疾学生入学，不得因其残疾而拒绝招收。

第十条 国家依法保障高等学校中的科学研究，文学艺术创作和其他文化活动的自由。

在高等学校中从事科学研究、文学艺术创作和其他文化活动，应当遵守法律。

第十一条 高等学校应当面向社会，依法自主办学，实行民主管理。

第十二条 国家鼓励高等学校之间、高等学校与科学研究机构以及企业事业组织之间开展协作，实行优势互补，提高教育资源的使用效益。

国家鼓励和支持高等教育事业的国际交流与合作。

第十三条 国务院统一领导和管理全国高等教育事业。

省、自治区、直辖市人民政府统筹协调本行政区域内的高等教育事业，管理主要为地方培养人才和国务院授权管理的高等学校。

第十四条 国务院教育行政部门主管全国高等教育工作，管理由国务院确定的主要为全国培养人才的高等学校。国务院其他有关部门在国务院规定的职责范围内，负责有关的高等教育工作。

第二章　高等教育基本制度

第十五条 高等教育包括学历教育和非学历教育。

高等教育采用全日制和非全日制教育形式。

国家支持采用广播、电视、函授及其他远程教育方式实施高等教育。

第十六条 高等学历教育分为专科教育、本科教育和研究生教育。

高等学历教育应当符合下列学业标准：

（一）专科教育应当使学生掌握本专业必备的基础理论、专门知识，具有从事本专业实际工作的基本技能和初步能力；

（二）本科教育应当使学生比较系统地掌握本学科、专业必需的基础理论、基本知识，掌握本专业必要的基本技能、方法和相关知识，具有从事本专业实际工作和研究工作的初步能力；

（三）硕士研究生教育应当使学生掌握本学科坚实的基础理论、系统的专业知识，掌握相应的技能、方法和相关知识，具有从事本专业实际工作和科学研究工作的能力。博士研究生教育应当使学生掌握本学科坚实宽广的基础理论、系统深入的专业知识、相应的技能和方法，具有独立从事本学科创造性科学研究工作和实际工作的能力。

第十七条 专科教育的基本修业年限为二至三年，本科教育的基本修业年限为四至五年，硕士研究生教育的基本修业年限为二至三年，博士研究生教育的基本修业年限为三至四年。非全日制高等学历教育的修业年限应当适当延长。高等学校根据实际需要，可以对本学校的修业年限作出调整。

第十八条 高等教育由高等学校和其他高等教育机构实施。

大学、独立设置的学院主要实施本科及本科以上教育。高等专科学校实施专科教育。经国务院教育行政部门批准，科学研究机构可以承担研究生教育的任务。

其他高等教育机构实施非学历高等教育。

第十九条 高级中等教育毕业或者具有同等学力的，经考试合格，由实施相应学历教育的高等学校录取，取得专科生或者本科生入学资格。

本科毕业或者具有同等学力的，经考试合格，由实施相应学历教育的高等学校或者经批准承担研究生教育任务的科学研究机构录取，取得硕士研究生入学资格。

硕士研究生毕业或者具有同等学力的，经考试合格，由实施相应学历教育的高等学校或者经批准承担研究生教育任务的科学研究机构录取，取得博士研究生入学资格。

允许特定学科和专业的本科毕业生直接取得博士研究生入学资格，具体办法由国务院教育行政部门规定。

第二十条 接受高等学历教育的学生，由所在高等学校或者经批准承担研究生教育任务的科学研究机构根据其修业年限、学业成绩等，按照国家有关规定，发给相应的学历证书或者其他学业证书。

接受非学历高等教育的学生，由所在高等学校或者其他高等教育机构发给相应的结业证书。结业证书应当载明修业年限和学业内容。

第二十一条 国家实行高等教育自学考试制度，经考试合格的，发给相应的学历证书或者其他学业证书。

第二十二条 国家实行学位制度。学位分为学士、硕士和博士。

公民通过接受高等教育或者自学，其学业水平达到国家规定的学位标准，可以向学位授予单位申请授予相应的学位。

第二十三条 高等学校和其他高等教育机构应当根据社会需要和自身办学条件，承担实施继续教育的工作。

第三章 高等学校的设立

第二十四条 设立高等学校，应当符合国家高等教育发展规划，符合国家利益和社会公共利益。

第二十五条 设立高等学校，应当具备教育法规定的基本条件。

大学或者独立设置的学院还应当具有较强的教学、科学研究力量，较高的教学、科学研究水平和相应规模，能够实施本科及本科以上教育。大学还必须设有三个以上国家规定的学科门类为主要学科。设立高等学校的具体标准由国务院制定。

设立其他高等教育机构的具体标准，由国务院授权的有关部门或者省、自治区、直辖市人民政府根据国务院规定的原则制定。

第二十六条 设立高等学校，应当根据其层次、类型、所设学科类别、规模、教学和科学研究水平，使用相应的名称。

第二十七条 申请设立高等学校的，应当向审批机关提交下列材料：

（一）申办报告；

（二）可行性论证材料；

（三）章程；

（四）审批机关依照本法规定要求提供的其他材料。

第二十八条 高等学校的章程应当规定以下事项：

（一）学校名称、校址；

（二）办学宗旨；

（三）办学规模；

（四）学科门类的设置；

（五）教育形式；

（六）内部管理体制；

（七）经费来源、财产和财务制度；

（八）举办者与学校之间的权利、义务；

（九）章程修改程序；

（十）其他必须由章程规定的事项。

第二十九条 设立实施本科及以上教育的高等学校，由国务院教育行政部门审批；设立实施专科教育的高等学校，由省、自治区、直辖市人民政府审批，报国务院教育行政部门备案；设立其他高等教育机构，由省、自治区、直辖市人民政府教育行政部门审批。审批设立高等学校和其他高等教育机构应当遵守国家有关规定。

审批设立高等学校，应当委托由专家组成的评议机构评议。

高等学校和其他高等教育机构分立、合并、终止，变更名称、类别和其他重要事项，由本条第一款规定的审批机关审批；修改章程，应当根据管理权限，报国务院教育行政部门或者省、自治区、直辖市人民政府教育行政部门核准。

第四章 高等学校的组织和活动

第三十条 高等学校自批准设立之日起取得法人资格。高等学校的校长为高等学校的法定代表人。

高等学校在民事活动中依法享有民事权利，承担民事责任。

第三十一条 高等学校应当以培养人才为中心，开展教学、科学研究和社会服务，保证教育教学质量达到国家规定的标准。

第三十二条 高等学校根据社会需求、办学条件和国家核定的办学规模，制定招生方案，自主调节系科招生比例。

第三十三条 高等学校依法自主设置和调整学科、专业。

第三十四条 高等学校根据教学需要，自主制定教学计划、选编教材、组织实施教学活动。

第三十五条 高等学校根据自身条件，自主开展科学研究、技术开发和社会服务。

国家鼓励高等学校同企业事业组织、社会团体及其他社会组织在科学研究、技术开发和推广等方面进行多种形式的合作。

国家支持具备条件的高等学校成为国家科学研究基地。

第三十六条 高等学校按照国家有关规定，自主开展与境外高等学校之间的科学技术文化交流与合作。

第三十七条 高等学校根据实际需要和精简、效能的原则，自主确定教学、科学研究、行政职能部门等内部组织机构的设置和人员配备；按照国家有关规定，评聘教师和其他专业技术人员的职务，调整津贴及工资分配。

第三十八条 高等学校对举办者提供的财产、国家财政性资助、受捐赠财产依法自主管理和使用。

高等学校不得将用于教学和科学研究活动的财产挪作他用。

第三十九条 国家举办的高等学校实行中国共产党高等学校基层委员会领导下的校长负责制。中国共产党高等学校基层委员会按照中国共产党章程和有关规定，统一领导学校工作，支持校长独立负责地行使职权，其领导职责主要是：执行中国共产党的路线、方针、政策，坚持社会主义办学方向，领导学校的思想政治工作和德育工作，讨论决定学校内部组织机构的设置和内部组织机构负责人的人选，讨论决定学校的改革、发展和基本管理制度等重大事项，保证以培养人才为中心的各项任务的完成。

社会力量举办的高等学校的内部管理体制按照国家有关社会力量办学的规定确定。

第四十条 高等学校的校长，由符合教育法规定的任职条件的公民担任。高等学校的校长、副校长按照国家有关规定任免。

第四十一条 高等学校的校长全面负责本学校的教学、科学研究和其他行政管理工作，行使下列职权：

（一）拟订发展规划，制定具体规章制度和年度工作计划并组织实施；

（二）组织教学活动、科学研究和思想品德教育；

（三）拟订内部组织机构的设置方案，推荐副校长人选，任免内部组织机构的负责人；

（四）聘任与解聘教师以及内部其他工作人员，对学生进行学籍管理并实施奖励或者处分；

（五）拟订和执行年度经费预算方案，保护和管理校产，维护学校的合法权益；

（六）章程规定的其他职权。

高等学校的校长主持校长办公会议或者校务会议，处理前款规定的有关事项。

第四十二条 高等学校设立学术委员会，履行下列职责：

（一）审议学科建设、专业设置，教学、科学研究计划方案；

（二）评定教学、科学研究成果；

（三）调查、处理学术纠纷；

（四）调查、认定学术不端行为；

（五）按照章程审议、决定有关学术发展、学术评价、学术规范的其他事项。

第四十三条 高等学校通过以教师为主体的教职工代表大会等组织形式，依法保障教职工参与民主管理和监督，维护教职工合法权益。

第四十四条 高等学校应当建立本学校办学水平、教育质量的评价制度，及时公开相关信息，接受社会监督。

教育行政部门负责组织专家或者委托第三方专业机构对高等学校的办学水

平、效益和教育质量进行评估。评估结果应当向社会公开。

第五章　高等学校教师和其他教育工作者

第四十五条　高等学校的教师及其他教育工作者享有法律规定的权利，履行法律规定的义务，忠诚于人民的教育事业。

第四十六条　高等学校实行教师资格制度。中国公民凡遵守宪法和法律，热爱教育事业，具有良好的思想品德，具备研究生或者大学本科毕业学历，有相应的教育教学能力，经认定合格，可以取得高等学校教师资格。不具备研究生或者大学本科毕业学历的公民，学有所长，通过国家教师资格考试，经认定合格，也可以取得高等学校教师资格。

第四十七条　高等学校实行教师职务制度。高等学校教师职务根据学校所承担的教学、科学研究等任务的需要设置。教师职务设助教、讲师、副教授、教授。

高等学校的教师取得前款规定的职务应当具备下列基本条件：

（一）取得高等学校教师资格；

（二）系统地掌握本学科的基础理论；

（三）具备相应职务的教育教学能力和科学研究能力；

（四）承担相应职务的课程和规定课时的教学任务。

教授、副教授除应当具备以上基本任职条件外，还应当对本学科具有系统而坚实的基础理论和比较丰富的教学、科学研究经验，教学成绩显著，论文或者著作达到较高水平或者有突出的教学、科学研究成果。

高等学校教师职务的具体任职条件由国务院规定。

第四十八条　高等学校实行教师聘任制。教师经评定具备任职条件的，由高等学校按照教师职务的职责、条件和任期聘任。

高等学校的教师的聘任，应当遵循双方平等自愿的原则，由高等学校校长与受聘教师签订聘任合同。

第四十九条　高等学校的管理人员，实行教育职员制度。高等学校的教学辅助人员及其他专业技术人员，实行专业技术职务聘任制度。

第五十条　国家保护高等学校教师及其他教育工作者的合法权益，采取措施改善高等学校教师及其他教育工作者的工作条件和生活条件。

第五十一条　高等学校应当为教师参加培训、开展科学研究和进行学术交流提供便利条件。

高等学校应当对教师、管理人员和教学辅助人员及其他专业技术人员的思想政治表现、职业道德、业务水平和工作实绩进行考核，考核结果作为聘任或者解聘、晋升、奖励或者处分的依据。

第五十二条 高等学校的教师、管理人员和教学辅助人员及其他专业技术人员，应当以教学和培养人才为中心做好本职工作。

第六章 高等学校的学生

第五十三条 高等学校的学生应当遵守法律、法规，遵守学生行为规范和学校的各项管理制度，尊敬师长，刻苦学习，增强体质，树立爱国主义、集体主义和社会主义思想，努力学习马克思列宁主义、毛泽东思想、邓小平理论，具有良好的思想品德，掌握较高的科学文化知识和专业技能。

高等学校学生的合法权益，受法律保护。

第五十四条 高等学校的学生应当按照国家规定缴纳学费。

家庭经济困难的学生，可以申请补助或者减免学费。

第五十五条 国家设立奖学金，并鼓励高等学校、企业事业组织、社会团体以及其他社会组织和个人按照国家有关规定设立各种形式的奖学金，对品学兼优的学生、国家规定的专业的学生以及到国家规定的地区工作的学生给予奖励。

国家设立高等学校学生勤工助学基金和贷学金，并鼓励高等学校、企业事业组织、社会团体以及其他社会组织和个人设立各种形式的助学金，对家庭经济困难的学生提供帮助。

获得贷学金及助学金的学生，应当履行相应的义务。

第五十六条 高等学校的学生在课余时间可以参加社会服务和勤工助学活动，但不得影响学业任务的完成。

高等学校应当对学生的社会服务和勤工助学活动给予鼓励和支持，并进行引导和管理。

第五十七条 高等学校的学生，可以在校内组织学生团体。学生团体在法律、法规规定的范围内活动，服从学校的领导和管理。

第五十八条 高等学校的学生思想品德合格，在规定的修业年限内学完规定的课程，成绩合格或者修满相应的学分，准予毕业。

第五十九条 高等学校应当为毕业生、结业生提供就业指导和服务。

国家鼓励高等学校毕业生到边远、艰苦地区工作。

第七章 高等教育投入和条件保障

第六十条 高等教育实行以举办者投入为主、受教育者合理分担培养成本、高等学校多种渠道筹措经费的机制。

国务院和省、自治区、直辖市人民政府依照教育法第五十六条的规定，保证国家举办的高等教育的经费逐步增长。

国家鼓励企业事业组织、社会团体及其他社会组织和个人向高等教育投入。

第六十一条　高等学校的举办者应当保证稳定的办学经费来源，不得抽回其投入的办学资金。

第六十二条　国务院教育行政部门会同国务院其他有关部门根据在校学生年人均教育成本，规定高等学校年经费开支标准和筹措的基本原则；省、自治区、直辖市人民政府教育行政部门会同有关部门制订本行政区域内高等学校年经费开支标准和筹措办法，作为举办者和高等学校筹措办学经费的基本依据。

第六十三条　国家对高等学校进口图书资料、教学科研设备以及校办产业实行优惠政策。高等学校所办产业或者转让知识产权以及其他科学技术成果获得的收益，用于高等学校办学。

第六十四条　高等学校收取的学费应当按照国家有关规定管理和使用，其他任何组织和个人不得挪用。

第六十五条　高等学校应当依法建立、健全财务管理制度，合理使用、严格管理教育经费，提高教育投资效益。

高等学校的财务活动应当依法接受监督。

第八章　附则

第六十六条　对高等教育活动中违反教育法规定的，依照教育法的有关规定给予处罚。

第六十七条　中国境外个人符合国家规定的条件并办理有关手续后，可以进入中国境内高等学校学习、研究、进行学术交流或者任教，其合法权益受国家保护。

第六十八条　本法所称高等学校是指大学、独立设置的学院和高等专科学校，其中包括高等职业学校和成人高等学校。

本法所称其他高等教育机构是指除高等学校和经批准承担研究生教育任务的科学研究机构以外的从事高等教育活动的组织。

本法有关高等学校的规定适用于其他高等教育机构和经批准承担研究生教育任务的科学研究机构，但是对高等学校专门适用的规定除外。

第六十九条　本法自 1999 年 1 月 1 日起施行。

普通高等学校学生管理规定

（2017 年 2 月 4 日中华人民共和国教育部令第 41 号公布
自 2017 年 9 月 1 日起施行）

第一章　总则

第一条　为规范普通高等学校学生管理行为，维护普通高等学校正常的教育教学秩序和生活秩序，保障学生合法权益，培养德、智、体、美等方面全面发展的社会主义建设者和接班人，依据教育法、高等教育法以及有关法律、法规，制定本规定。

第二条　本规定适用于普通高等学校、承担研究生教育任务的科学研究机构（以下称学校）对接受普通高等学历教育的研究生和本科、专科（高职）学生（以下称学生）的管理。

第三条　学校要坚持社会主义办学方向，坚持马克思主义的指导地位，全面贯彻国家教育方针；要坚持以立德树人为根本，以理想信念教育为核心，培育和践行社会主义核心价值观，弘扬中华优秀传统文化和革命文化、社会主义先进文化，培养学生的社会责任感、创新精神和实践能力；要坚持依法治校，科学管理，健全和完善管理制度，规范管理行为，将管理与育人相结合，不断提高管理和服务水平。

第四条　学生应当拥护中国共产党领导，努力学习马克思列宁主义、毛泽东思想、中国特色社会主义理论体系，深入学习习近平总书记系列重要讲话精神和治国理政新理念新思想新战略，坚定中国特色社会主义道路自信、理论自信、制度自信、文化自信，树立中国特色社会主义共同理想；应当树立爱国主义思想，具有团结统一、爱好和平、勤劳勇敢、自强不息的精神；应当增强法治观念，遵守宪法、法律、法规，遵守公民道德规范，遵守学校管理制度，具有良好的道德品质和行为习惯；应当刻苦学习，勇于探索，积极实践，努力掌握现代科学文化知识和专业技能；应当积极锻炼身体，增进身心健康，提高个人修养，培养审美情趣。

第五条　实施学生管理，应当尊重和保护学生的合法权利，教育和引导学生承担应尽的义务与责任，鼓励和支持学生实行自我管理、自我服务、自我教育、自我监督。

第二章　学生的权利与义务

第六条　学生在校期间依法享有下列权利：

（一）参加学校教育教学计划安排的各项活动，使用学校提供的教育教学资源；

（二）参加社会实践、志愿服务、勤工助学、文娱体育及科技文化创新等活动，获得就业创业指导和服务；

（三）申请奖学金、助学金及助学贷款；

（四）在思想品德、学业成绩等方面获得科学、公正评价，完成学校规定学业后获得相应的学历证书、学位证书；

（五）在校内组织、参加学生团体，以适当方式参与学校管理，对学校与学生权益相关事务享有知情权、参与权、表达权和监督权；

（六）对学校给予的处理或者处分有异议，向学校、教育行政部门提出申诉，对学校、教职员工侵犯其人身权、财产权等合法权益的行为，提出申诉或者依法提起诉讼；

（七）法律、法规及学校章程规定的其他权利。

第七条　学生在校期间依法履行下列义务：

（一）遵守宪法和法律、法规；

（二）遵守学校章程和规章制度；

（三）恪守学术道德，完成规定学业；

（四）按规定缴纳学费及有关费用，履行获得贷学金及助学金的相应义务；

（五）遵守学生行为规范，尊敬师长，养成良好的思想品德和行为习惯；

（六）法律、法规及学校章程规定的其他义务。

第三章　学籍管理

第一节　入学与注册

第八条　按国家招生规定录取的新生，持录取通知书，按学校有关要求和规定的期限到校办理入学手续。因故不能按期入学的，应当向学校请假。未请假或者请假逾期的，除因不可抗力等正当事由以外，视为放弃入学资格。

第九条　学校应当在报到时对新生入学资格进行初步审查，审查合格的办理入学手续，予以注册学籍；审查发现新生的录取通知、考生信息等证明材料，与本人实际情况不符，或者有其他违反国家招生考试规定情形的，取消入学资格。

第十条　新生可以申请保留入学资格。保留入学资格期间不具有学籍。保留入学资格的条件、期限等由学校规定。

新生保留入学资格期满前应向学校申请入学，经学校审查合格后，办理入学手续。审查不合格的，取消入学资格；逾期不办理入学手续且未有因不可抗力延迟等正当理由的，视为放弃入学资格。

第十一条 学生入学后，学校应当在3个月内按照国家招生规定进行复查。复查内容主要包括以下方面：

（一）录取手续及程序等是否合乎国家招生规定；

（二）所获得的录取资格是否真实、合乎相关规定；

（三）本人及身份证明与录取通知、考生档案等是否一致；

（四）身心健康状况是否符合报考专业或者专业类别体检要求，能否保证在校正常学习、生活；

（五）艺术、体育等特殊类型录取学生的专业水平是否符合录取要求。

复查中发现学生存在弄虚作假、徇私舞弊等情形的，确定为复查不合格，应当取消学籍；情节严重的，学校应当移交有关部门调查处理。

复查中发现学生身心状况不适宜在校学习，经学校指定的二级甲等以上医院诊断，需要在家休养的，可以按照第十条的规定保留入学资格。

复查的程序和办法，由学校规定。

第十二条 每学期开学时，学生应当按学校规定办理注册手续。不能如期注册的，应当履行暂缓注册手续。未按学校规定缴纳学费或者有其他不符合注册条件的，不予注册。

家庭经济困难的学生可以申请助学贷款或者其他形式资助，办理有关手续后注册。

学校应当按照国家有关规定为家庭经济困难学生提供教育救助，完善学生资助体系，保证学生不因家庭经济困难而放弃学业。

第二节 考核与成绩记载

第十三条 学生应当参加学校教育教学计划规定的课程和各种教育教学环节（以下统称课程）的考核，考核成绩记入成绩册，并归入学籍档案。

考核分为考试和考查两种。考核和成绩评定方式，以及考核不合格的课程是否重修或者补考，由学校规定。

第十四条 学生思想品德的考核、鉴定，以本规定第四条为主要依据，采取个人小结、师生民主评议等形式进行。

学生体育成绩评定要突出过程管理，可以根据考勤、课内教学、课外锻炼活动和体质健康等情况综合评定。

第十五条 学生每学期或者每学年所修课程或者应修学分数以及升级、跳级、留级、降级等要求，由学校规定。

第十六条　学生根据学校有关规定，可以申请辅修校内其他专业或者选修其他专业课程；可以申请跨校辅修专业或者修读课程，参加学校认可的开放式网络课程学习。学生修读的课程成绩（学分），学校审核同意后，予以承认。

第十七条　学生参加创新创业、社会实践等活动以及发表论文、获得专利授权等与专业学习、学业要求相关的经历、成果，可以折算为学分，计入学业成绩。具体办法由学校规定。

学校应当鼓励、支持和指导学生参加社会实践、创新创业活动，可以建立创新创业档案、设置创新创业学分。

第十八条　学校应当健全学生学业成绩和学籍档案管理制度，真实、完整地记载、出具学生学业成绩，对通过补考、重修获得的成绩，应当予以标注。

学生严重违反考核纪律或者作弊的，该课程考核成绩记为无效，并应视其违纪或者作弊情节，给予相应的纪律处分。给予警告、严重警告、记过及留校察看处分的，经教育表现较好，可以对该课程给予补考或者重修机会。

学生因退学等情况中止学业，其在校学习期间所修课程及已获得学分，应当予以记录。学生重新参加入学考试、符合录取条件，再次入学的，其已获得学分，经录取学校认定，可以予以承认。具体办法由学校规定。

第十九条　学生应当按时参加教育教学计划规定的活动。不能按时参加的，应当事先请假并获得批准。无故缺席的，根据学校有关规定给予批评教育，情节严重的，给予相应的纪律处分。

第二十条　学校应当开展学生诚信教育，以适当方式记录学生学业、学术、品行等方面的诚信信息，建立对失信行为的约束和惩戒机制；对有严重失信行为的，可以规定给予相应的纪律处分，对违背学术诚信的，可以对其获得学位及学术称号、荣誉等作出限制。

第三节　转专业与转学

第二十一条　学生在学习期间对其他专业有兴趣和专长的，可以申请转专业；以特殊招生形式录取的学生，国家有相关规定或者录取前与学校有明确约定的，不得转专业。

学校应当制定学生转专业的具体办法，建立公平、公正的标准和程序，健全公示制度。学校根据社会对人才需求情况的发展变化，需要适当调整专业的，应当允许在读学生转到其他相关专业就读。

休学创业或退役后复学的学生，因自身情况需要转专业的，学校应当优先考虑。

第二十二条　学生一般应当在被录取学校完成学业。因患病或者有特殊困难、特别需要，无法继续在本校学习或者不适应本校学习要求的，可以申请转学。有下列情形之一，不得转学：

（一）入学未满一学期或者毕业前一年的；

（二）高考成绩低于拟转入学校相关专业同一生源地相应年份录取成绩的；

（三）由低学历层次转为高学历层次的；

（四）以定向就业招生录取的；

（五）研究生拟转入学校、专业的录取控制标准高于其所在学校、专业的；

（六）无正当转学理由的。

学生因学校培养条件改变等非本人原因需要转学的，学校应当出具证明，由所在地省级教育行政部门协调转学到同层次学校。

第二十三条 学生转学由学生本人提出申请，说明理由，经所在学校和拟转入学校同意，由转入学校负责审核转学条件及相关证明，认为符合本校培养要求且学校有培养能力的，经学校校长办公会或者专题会议研究决定，可以转入。研究生转学还应当经拟转入专业导师同意。

跨省转学者，由转出地省级教育行政部门商转入地省级教育行政部门，按转学条件确认后办理转学手续。须转户口的由转入地省级教育行政部门将有关文件抄送转入学校所在地的公安机关。

第二十四条 学校应当按照国家有关规定，建立健全学生转学的具体办法；对转学情况应当及时进行公示，并在转学完成后3个月内，由转入学校报所在地省级教育行政部门备案。

省级教育行政部门应当加强对区域内学校转学行为的监督和管理，及时纠正违规转学行为。

第四节 休学与复学

第二十五条 学生可以分阶段完成学业，除另有规定外，应当在学校规定的最长学习年限（含休学和保留学籍）内完成学业。

学生申请休学或者学校认为应当休学的，经学校批准，可以休学。休学次数和期限由学校规定。

第二十六条 学校可以根据情况建立并实行灵活的学习制度。对休学创业的学生，可以单独规定最长学习年限，并简化休学批准程序。

第二十七条 新生和在校学生应征参加中国人民解放军（含中国人民武装警察部队），学校应当保留其入学资格或者学籍至退役后2年。

学生参加学校组织的跨校联合培养项目，在联合培养学校学习期间，学校同时为其保留学籍。

学生保留学籍期间，与其实际所在的部队、学校等组织建立管理关系。

第二十八条 休学学生应当办理手续离校。学生休学期间，学校应为其保留学籍，但不享受在校学习学生待遇。因病休学学生的医疗费按国家及当地的有关规定处理。

第二十九条　学生休学期满前应当在学校规定的期限内提出复学申请，经学校复查合格，方可复学。

第五节　退学

第三十条　学生有下列情形之一，学校可予退学处理：

（一）学业成绩未达到学校要求或者在学校规定的学习年限内未完成学业的；

（二）休学、保留学籍期满，在学校规定期限内未提出复学申请或者申请复学经复查不合格的；

（三）根据学校指定医院诊断，患有疾病或者意外伤残无法继续在校学习的；

（四）未经批准连续两周未参加学校规定的教学活动的；

（五）超过学校规定期限未注册而又未履行暂缓注册手续的；

（六）学校规定的不能完成学业、应予退学的其他情形。

学生本人申请退学的，经学校审核同意后，办理退学手续。

第三十一条　退学学生，应当按学校规定期限办理退学手续离校。退学的研究生，按已有毕业学历和就业政策可以就业的，由学校报所在地省级毕业生就业部门办理相关手续；在学校规定期限内没有聘用单位的，应当办理退学手续离校。

退学学生的档案由学校退回其家庭所在地，户口应当按照国家相关规定迁回原户籍地或者家庭户籍所在地。

第六节　毕业与结业

第三十二条　学生在学校规定学习年限内，修完教育教学计划规定内容，成绩合格，达到学校毕业要求的，学校应当准予毕业，并在学生离校前发给毕业证书。

符合学位授予条件的，学位授予单位应当颁发学位证书。

学生提前完成教育教学计划规定内容，获得毕业所要求的学分，可以申请提前毕业。学生提前毕业的条件，由学校规定。

第三十三条　学生在学校规定学习年限内，修完教育教学计划规定内容，但未达到学校毕业要求的，学校可以准予结业，发给结业证书。

结业后是否可以补考、重修或者补作毕业设计、论文、答辩，以及是否颁发毕业证书、学位证书，由学校规定。合格后颁发的毕业证书、学位证书，毕业时间、获得学位时间按发证日期填写。

对退学学生，学校应当发给肄业证书或者写实性学习证明。

第七节　学业证书管理

第三十四条　学校应当严格按照招生时确定的办学类型和学习形式，以及学生招生录取时填报的个人信息，填写、颁发学历证书、学位证书及其他学业证书。

学生在校期间变更姓名、出生日期等证书需填写的个人信息的，应当有合理、充分的理由，并提供有法定效力的相应证明文件。学校进行审查，需要学生生源地省级教育行政部门及有关部门协助核查的，有关部门应当予以配合。

第三十五条　学校应当执行高等教育学籍学历电子注册管理制度，完善学籍学历信息管理办法，按相关规定及时完成学生学籍学历电子注册。

第三十六条　对完成本专业学业同时辅修其他专业并达到该专业辅修要求的学生，由学校发给辅修专业证书。

第三十七条　对违反国家招生规定取得入学资格或者学籍的，学校应当取消其学籍，不得发给学历证书、学位证书；已发的学历证书、学位证书，学校应当依法予以撤销。对以作弊、剽窃、抄袭等学术不端行为或者其他不正当手段获得学历证书、学位证书的，学校应当依法予以撤销。

被撤销的学历证书、学位证书已注册的，学校应当予以注销并报教育行政部门宣布无效。

第三十八条　学历证书和学位证书遗失或者损坏，经本人申请，学校核实后应当出具相应的证明书。证明书与原证书具有同等效力。

第四章　校园秩序与课外活动

第三十九条　学校、学生应当共同维护校园正常秩序，保障学校环境安全、稳定，保障学生的正常学习和生活。

第四十条　学校应当建立和完善学生参与管理的组织形式，支持和保障学生依法、依章程参与学校管理。

第四十一条　学生应当自觉遵守公民道德规范，自觉遵守学校管理制度，创造和维护文明、整洁、优美、安全的学习和生活环境，树立安全风险防范和自我保护意识，保障自身合法权益。

第四十二条　学生不得有酗酒、打架斗殴、赌博、吸毒，传播、复制、贩卖非法书刊和音像制品等违法行为；不得参与非法传销和进行邪教、封建迷信活动；不得从事或者参与有损大学生形象、有悖社会公序良俗的活动。

学校发现学生在校内有违法行为或者严重精神疾病可能对他人造成伤害的，可以依法采取或者协助有关部门采取必要措施。

第四十三条　学校应当坚持教育与宗教相分离原则。任何组织和个人不得在学校进行宗教活动。

第四十四条　学校应当建立健全学生代表大会制度，为学生会、研究生会等开展活动提供必要条件，支持其在学生管理中发挥作用。

学生可以在校内成立、参加学生团体。学生成立团体，应当按学校有关规定提出书面申请，报学校批准并施行登记和年检制度。

学生团体应当在宪法、法律、法规和学校管理制度范围内活动，接受学校的领导和管理。学生团体邀请校外组织、人员到校举办讲座等活动，需经学校批准。

第四十五条　学校提倡并支持学生及学生团体开展有益于身心健康、成长成才的学术、科技、艺术、文娱、体育等活动。

学生进行课外活动不得影响学校正常的教育教学秩序和生活秩序。

学生参加勤工助学活动应当遵守法律、法规以及学校、用工单位的管理制度，履行勤工助学活动的有关协议。

第四十六条　学生举行大型集会、游行、示威等活动，应当按法律程序和有关规定获得批准。对未获批准的，学校应当依法劝阻或者制止。

第四十七条　学生应当遵守国家和学校关于网络使用的有关规定，不得登录非法网站和传播非法文字、音频、视频资料等，不得编造或者传播虚假、有害信息；不得攻击、侵入他人计算机和移动通信网络系统。

第四十八条　学校应当建立健全学生住宿管理制度。学生应当遵守学校关于学生住宿管理的规定。鼓励和支持学生通过制定公约，实施自我管理。

第五章　奖励与处分

第四十九条　学校、省（区、市）和国家有关部门应当对在德、智、体、美等方面全面发展或者在思想品德、学业成绩、科技创造、体育竞赛、文艺活动、志愿服务及社会实践等方面表现突出的学生，给予表彰和奖励。

第五十条　对学生的表彰和奖励可以采取授予“三好学生”称号或者其他荣誉称号、颁发奖学金等多种形式，给予相应的精神鼓励或者物质奖励。

学校对学生予以表彰和奖励，以及确定推荐免试研究生、国家奖学金、公派出国留学人选等赋予学生利益的行为，应当建立公开、公平、公正的程序和规定，建立和完善相应的选拔、公示等制度。

第五十一条　对有违反法律法规、本规定以及学校纪律行为的学生，学校应当给予批评教育，并可视情节轻重，给予如下纪律处分：

（一）警告；

（二）严重警告；

（三）记过；

（四）留校察看；

（五）开除学籍。

第五十二条 学生有下列情形之一，学校可以给予开除学籍处分：

（一）违反宪法，反对四项基本原则、破坏安定团结、扰乱社会秩序的；

（二）触犯国家法律，构成刑事犯罪的；

（三）受到治安管理处罚，情节严重、性质恶劣的；

（四）代替他人或者让他人代替自己参加考试、组织作弊、使用通信设备或其他器材作弊、向他人出售考试试题或答案牟取利益，以及其他严重作弊或扰乱考试秩序行为的；

（五）学位论文、公开发表的研究成果存在抄袭、篡改、伪造等学术不端行为，情节严重的，或者代写论文、买卖论文的；

（六）违反本规定和学校规定，严重影响学校教育教学秩序、生活秩序以及公共场所管理秩序的；

（七）侵害其他个人、组织合法权益，造成严重后果的；

（八）屡次违反学校规定受到纪律处分，经教育不改的。

第五十三条 学校对学生作出处分，应当出具处分决定书。处分决定书应当包括下列内容：

（一）学生的基本信息；

（二）作出处分的事实和证据；

（三）处分的种类、依据、期限；

（四）申诉的途径和期限；

（五）其他必要内容。

第五十四条 学校给予学生处分，应当坚持教育与惩戒相结合，与学生违法、违纪行为的性质和过错的严重程度相适应。学校对学生的处分，应当做到证据充分、依据明确、定性准确、程序正当、处分适当。

第五十五条 在对学生作出处分或者其他不利决定之前，学校应当告知学生作出决定的事实、理由及依据，并告知学生享有陈述和申辩的权利，听取学生的陈述和申辩。

处理、处分决定以及处分告知书等，应当直接送达学生本人，学生拒绝签收的，可以以留置方式送达；已离校的，可以采取邮寄方式送达；难于联系的，可以利用学校网站、新闻媒体等以公告方式送达。

第五十六条 对学生作出取消入学资格、取消学籍、退学、开除学籍或者其他涉及学生重大利益的处理或者处分决定的，应当提交校长办公会或者校长授权的专门会议研究决定，并应当事先进行合法性审查。

第五十七条　除开除学籍处分以外，给予学生处分一般应当设置6到12个月期限，到期按学校规定程序予以解除。解除处分后，学生获得表彰、奖励及其他权益，不再受原处分的影响。

第五十八条　对学生的奖励、处理、处分及解除处分材料，学校应当真实完整地归入学校文书档案和本人档案。

被开除学籍的学生，由学校发给学习证明。学生按学校规定期限离校，档案由学校退回其家庭所在地，户口应当按照国家相关规定迁回原户籍地或者家庭户籍所在地。

第六章　学生申诉

第五十九条　学校应当成立学生申诉处理委员会，负责受理学生对处理或者处分决定不服提起的申诉。

学生申诉处理委员会应当由学校相关负责人、职能部门负责人、教师代表、学生代表、负责法律事务的相关机构负责人等组成，可以聘请校外法律、教育等方面专家参加。

学校应当制定学生申诉的具体办法，健全学生申诉处理委员会的组成与工作规则，提供必要条件，保证其能够客观、公正地履行职责。

第六十条　学生对学校的处理或者处分决定有异议的，可以在接到学校处理或者处分决定书之日起10日内，向学校学生申诉处理委员会提出书面申诉。

第六十一条　学生申诉处理委员会对学生提出的申诉进行复查，并在接到书面申诉之日起15日内作出复查结论并告知申诉人。情况复杂不能在规定限期内作出结论的，经学校负责人批准，可延长15日。学生申诉处理委员会认为必要的，可以建议学校暂缓执行有关决定。

学生申诉处理委员会经复查，认为做出处理或者处分的事实、依据、程序等存在不当，可以作出建议撤销或变更的复查意见，要求相关职能部门予以研究，重新提交校长办公会或者专门会议作出决定。

第六十二条　学生对复查决定有异议的，在接到学校复查决定书之日起15日内，可以向学校所在地省级教育行政部门提出书面申诉。

省级教育行政部门应当在接到学生书面申诉之日起30个工作日内，对申诉人的问题给予处理并作出决定。

第六十三条　省级教育行政部门在处理因对学校处理或者处分决定不服提起的学生申诉时，应当听取学生和学校的意见，并可根据需要进行必要的调查。

根据审查结论，区别不同情况，分别作出下列处理：

（一）事实清楚、依据明确、定性准确、程序正当、处分适当的，予以维持；

（二）认定事实不存在，或者学校超越职权、违反上位法规定作出决定的，责令学校予以撤销；

（三）认定事实清楚，但认定情节有误、定性不准确，或者适用依据有错误的，责令学校变更或者重新作出决定；

（四）认定事实不清、证据不足，或者违反本规定以及学校规定的程序和权限的，责令学校重新作出决定。

第六十四条 自处理、处分或者复查决定书送达之日起，学生在申诉期内未提出申诉的视为放弃申诉，学校或者省级教育行政部门不再受理其提出的申诉。

处理、处分或者复查决定书未告知学生申诉期限的，申诉期限自学生知道或者应当知道处理或者处分决定之日起计算，但最长不得超过 6 个月。

第六十五条 学生认为学校及其工作人员违反本规定，侵害其合法权益的；或者学校制定的规章制度与法律法规和本规定抵触的，可以向学校所在地省级教育行政部门投诉。

教育主管部门在实施监督或者处理申诉、投诉过程中，发现学校及其工作人员有违反法律、法规及本规定的行为或者未按照本规定履行相应义务的，或者学校自行制定的相关管理制度、规定，侵害学生合法权益的，应当责令改正；发现存在违法违纪的，应当及时进行调查处理或者移送有关部门，依据有关法律和相关规定，追究有关责任人的责任。

第七章 附则

第六十六条 学校对接受高等学历继续教育的学生、港澳台侨学生、留学生的管理，参照本规定执行。

第六十七条 学校应当根据本规定制定或修改学校的学生管理规定或者纪律处分规定，报主管教育行政部门备案（中央部委属校同时抄报所在地省级教育行政部门），并及时向学生公布。

省级教育行政部门根据本规定，指导、检查和监督本地区高等学校的学生管理工作。

第六十八条 本规定自 2017 年 9 月 1 日起施行。原《普通高等学校学生管理规定》（教育部令第 21 号）同时废止。其他有关文件规定与本规定不一致的，以本规定为准。

高等学校学生行为准则

教育部教学 [2005] 5 号

一、志存高远，坚定信念。努力学习马克思列宁主义、毛泽东思想、邓小平理论和“三个代表”重要思想，面向世界，了解国情，确立在中国共产党领导下走社会主义道路、实现中华民族伟大复兴的共同理想和坚定信念，努力成为有思想、有道德、有文化、有纪律的社会主义新人。

二、热爱祖国，服务人民。弘扬民族精神，维护国家利益和民族团结。不参与违反四项基本原则、影响国家统一和社会稳定的活动。培养同人民群众的深厚感情，正确处理国家、集体和个人三者利益关系，增强社会责任感，甘愿为祖国为人民奉献。

三、勤奋学习，自强不息。追求真理，崇尚科学；刻苦钻研，严谨求实；积极实践，勇于创新；珍惜时间，学业有成。

四、遵纪守法，弘扬正气。遵守宪法、法律法规，遵守校纪校规；正确行使权利，依法履行义务；敬廉崇洁，公道正派；敢于并善于同各种违法违纪行为作斗争。

五、诚实守信，严于律己。履约践诺，知行统一；遵从学术规范，恪守学术道德，不作弊，不剽窃；自尊自爱，自省自律；文明使用互联网；自觉抵制黄、赌、毒等不良诱惑。

六、明礼修身，团结友爱。弘扬传统美德，遵守社会公德，男女交往文明；关心集体，爱护公物，热心公益；尊敬师长，友爱同学，团结合作；仪表整洁，待人礼貌；豁达宽容，积极向上。

七、勤俭节约，艰苦奋斗。热爱劳动，珍惜他人和社会劳动成果；生活俭朴，杜绝浪费；不追求超越自身和家庭实际的物质享受。

八、强健体魄，热爱生活。积极参加文体活动，提高身体素质，保持心理健康；磨砺意志，不怕挫折，提高适应能力；增强安全意识，防止意外事故；关爱自然，爱护环境，珍惜资源。

高等学校校园秩序管理若干规定

第一条 为了优化育人环境，加强高等学校校园管理，维护教学、科研、生活秩序和安定团结的局面，建立有利于培养社会主义现代化建设专门人才的校园秩序，制定本规定。

第二条 本规定所称的高等学校（以下简称“学校”）是指全日制普通高等学校和成人高等学校。

本规定所称的师生员工是指学校的教师（包括外籍教师）、学生（包括外国在华留学生）、教育教学辅助人员、管理人员和工勤人员。

第三条 学校的师生员工以及其他到学校活动的人员都应当遵守本规定，维护宪法确立的根本制度和国家利益，维护学校的教学、科研秩序和生活秩序。

学校应当加强校园管理，采取措施，及时有效地预防和制止校园内的违反法律、法规、校规的活动。

第四条 学校应当尊重和维护师生员工的人身权利、政治权利、教育和受教育的权利以及法律规定的其他权利，不得限制、剥夺师生员工的权利。

第五条 进入学校的人员，必须持有本校的学生证、工作证、听课证或者学校颁发的其他进入学校的证章、证件。

未持有前款规定的证章、证件的国内人员进入学校，应当向门卫登记后进入学校。

第六条 国内新闻记者进入学校采访，必须持有记者证和采访介绍信，在通知学校有关机构后，方可进入学校采访。

外国新闻记者和港澳台新闻记者进入学校采访，必须持有学校所在省、自治区、直辖市人民政府外事机关或港澳台办的介绍信和记者证，并在进校采访前与学校外事机构联系，经许可后方可进入学校采访。

第七条 外国人、港澳台人员进入学校进行公务、业务活动，应当经过省、自治区、直辖市或者国务院有关部门同意并告知学校后，或按学术交流计划经学校主管领导研究同意后，方可进入学校。自行要求进入学校的外国人、港澳台人员，应当在学校外事机构或港澳台办批准后，方可进入学校。接受师生员工个人邀请进入学校探亲访友的外国人、港澳台人员，应当履行门卫登记手续后进入学校。

第八条 依照本规定第五条、第六条、第七条的规定进入学校的人员，应当遵守法律、法规、规章和学校的制度，不得从事与其身份不符的活动，不得危害校园治安。

对违反本规定第五条、第六条、第七条和本条前款规定的人员，师生员工有权向学校保卫机构报告，学校保卫机构可以要求其说明情况或者责令其离开学校。

第九条　学生一般不得在学生宿舍留宿校外人员，遇有特殊情况留宿校外人员，应当报请学校有关机构许可，并且进行留宿登记，留宿人离校应注销登记。不得在学生宿舍内留宿异性。

违反前款规定的，学校保卫机构可以责令留宿人离开学生宿舍。

第十条　告示、通知、启事、广告等，应当张贴在学校指定或者许可的地点。散发宣传品、印刷品应当经过学校有关机构同意。对于张贴、散发反对我国宪法确立的根本制度、损害国家利益或者侮辱诽谤他人的公开张贴物、宣传品和印刷品的当事者，由司法机关依法追究其法律责任。

第十一条　在校园设置临时或者永久建筑物以及安装音响、广播、电视设施，设置者、安装者应当报请学校有关机构审批，未经批准不得擅自设置、安装。

师生员工或者有关团体、组织使用学校的广播、电视设施，必须报请学校有关机构批准，禁止任何组织或者个人擅自使用学校广播、电视设施。

违反第一款、第二款、第三款规定的，学校有关机构可以劝其停止设置、安装或者停止活动，已经设置、安装的，学校有关机构可以拆除，或者责令设置者、安装者拆除。

第十二条　在校内举行集会、讲演等公共活动，组织者必须在七十二小时前向学校有关机构提出申请，申请中应当说明活动的目的、人数、时间、地点和负责人的姓名。学校有关机构应当最迟在举行时间的四小时前将许可或者不许可的决定通知组织者。逾期未通知的，视为许可。

集会、讲演等应符合我国的教育方针和相应的法规、规章，不得反对我国宪法确立的根本制度，不得干扰学校的教学、科研和生活秩序，不得损害国家财产和其他公民的权利。

第十三条　在校内组织讲座、报告等室内活动，组织者应当在七十二小时前向学校有关机构提出申请，申请中应当说明活动的内容、报告人和负责人的姓名。学校有关机构应当最迟在举行时间的四小时前将许可或者不许可的决定通知组织者。逾期未通知的，视为许可。

讲座、报告等不得反对我国宪法确立的根本制度，不得违反我国的教育方针，不得宣传封建迷信，不得进行宗教活动，不得干扰学校的教学、科研和生活秩序。

第十四条　师生员工应当严格按照学校的安排进行教学、科研、生活和其他活动，任何人都不得破坏学校的教学、科研和生活秩序，不得阻止他人根据学校的安排进行教学、科研、生活和其他活动。

禁止师生员工赌博、酗酒、打架斗殴以及其他干扰学校的教学、科研和生活秩序的行为。

第十五条 师生员工组织社会团体，应当按照《社会团体登记管理条例》的规定办理。成立校内非社会团体的组织，应当在成立前由其组织者报请学校有关机构批准，未经批准不得成立和开展活动。

校内非社会团体的组织和校内报刊必须遵守法律、法规、规章，贯彻我国的教育方针和遵守学校的制度，接受学校的管理，不得进行超出其宗旨的活动。

第十六条 违反本规定第十二条、第十三条、第十四条和第十五条的规定的，学校有关机构可以责令其组织者以及其他当事人立即停止活动。违反本规定第十二条第二款的规定，损害国家财产的，学校有关机构可以责令其赔偿损失。

第十七条 禁止无照人员在校园内经商。设在校园内的商业网点必须在指定地点经营。违反前款规定的，学校有关机构可以责令其停止经商活动或者离开校园。

第十八条 对违反本规定，经过劝告、制止仍不改正的师生员工，学校可视情节给予行政处分或者纪律处分；属于违反治安管理行为的，由公安机关依法处理；情节严重构成犯罪的，由司法机关处理。

师生员工对学校的处分不服的，可以向有关教育行政部门提出申诉，教育行政部门应当在接到申诉的三十日内作出处理决定。

对违反本规定，经劝告、制止仍不改正的校外人员，由公安、司法机关根据情节依法处理。

第十九条 各高等学校可以根据本规定制定具体管理制度。

第二十条 本规定自发布之日起施行。

普通高等学校学生安全教育及管理暂行规定

第一章　总则

第一条　为了加强高等学校管理，维护正常的教学和生活秩序，保障学生人身和财物的安全，促进身心健康发展，特制定本暂行规定。

第二条　高等学校学生安全教育及管理的主要任务是，宣传、贯彻国家有关安全管理工作的方针、政策、法律、法规，对学生实施安全教育及管理，妥善处理各类安全事故，引导学生健康成长。

第三条　高等学校学生安全教育及管理，要以预防为主，本着保护学生、教育先行、明确责任、教管结合、实事求是、妥善处理的原则，做好教育、管理和处理工作。

第四条　本暂行规定所称学生指在高等学校学习取得学籍的全日制学生，即按国家任务、用人单位委托培养、自费三种计划形式录取的学生。

第二章　安全教育

第五条　高等学校应把对学生进行安全教育作为一项经常性工作，列入学校工作的重要议事日程，加强领导。学校各部门和有关群众团体或组织要相互配合，积极开展安全教育，普及安全知识，增强学生的安全意识和法治观念，提高防范能力。

第六条　学生安全教育应根据不同专业及青年学生的特点，从学生入学到毕业，在各种教学活动和日常生活中，特别是节假日前适时进行，并善于利用发生的安全事故教育学生，防患于未然。学校应根据环境，季节及有关规律进行防盗、防火、防特、防病、防事故等方面教育，并使之经常化、制度化。

第七条　高等学校对学生进行安全教育须注重心理疏导，加强思想政治工作，教育学生注意保持健康的心理状态，帮助学生克服因各种原因造成的心理障碍，把事故消除在萌芽状态。

第三章　安全管理

第八条　高等学校要做好学生日常安全管理工作，加强安全防范，建立和健全规章制度，严格管理，学校要把安全教育及管理工作纳入领导任期的责任目标，落实到年级、班主任，学校应由一名校领导主要负责。

第九条 高等学校应确定学生安全教育及管理工作的主管部门，明确其职责，具体组织实施安全教育及其管理工作。各有关部门应分工协作，积极配合。

第十条 全体教职工要从关心学生、爱护学生出发，树立安全思想，努力做好本职工作和改善环境条件，保护学生人身和财产安全。

第十一条 学生发生意外事故以及学生要求保护人身或财物安全等情况时，学校应迅速采取有效措施。

第十二条 学生必须严格遵守国家法律、法规和学校的各项规章制度，注意自身的人身和财物安全，防止各种事故的发生。

第十三条 学生在日常教学及各项活动中，应遵守纪律和有关规定，听从指导，服从管理；在公共场所，要遵守社会公德，增强安全防范意识，提高自我保护能力。

第十四条 学生组织集体课外活动，须经学校同意，按学校规定进行。学校须认真进行安全审查，条件不具备时不得批准。

第十五条 学生应严格遵守宿舍管理的规定，自觉维护宿舍的安全与卫生，提高自我管理能力。

第十六条 发现刑事、治安案件或交通、灾害等事故，在场学生应保护现场，及时报告学校或公安部门并协助处理。在学校范围内的，学校应迅速采取措施，控制事态发展，减轻危害和损失。

第四章　事故处理

第十七条 学生人身和财产发生一般伤害后，学校要及时调查处理，根据当事人或他人的过错，责令其赔偿损失，并给予批评教育或相应的行政、纪律处分。在校园内，发生学生非正常死亡、重伤或被窃、失火等造成财产重大损失事故后，学校应迅速采取措施进行抢救、保护现场，同时加强思想政治工作，稳定情绪，恢复秩序，并协同地方有关部门妥善处理。

第十八条 学校对事故调查后认为涉及追究刑事责任的，要及时与公安部门联系，协助调查处理。重大事故学校有关领导应亲自参与调查工作，并认真研究调查报告，及时处理。

第十九条 在安全管理或事故处理过程中，学校认为有必要搜查学生住处，须报请公安部门依法进行。调查处理案件中要以事实为依据，不得逼供或诱供。

第二十条 重大事故发生后，学校应在一天内向所在省、直辖市、自治区有关主管部门报告，并及时通知学生家长。事故处理结束后一周内书面报告有关主管部门。

第二十一条 学生在教学、实习过程与日常生活中，因学校或有关单位责任发生死亡、重伤或残疾，由学校或有关单位承担责任，做好处理及善后工作。在教学、学习过程与日常生活中，学生因不遵守纪律或不按要求活动而发生意外事故，学校不承担责任。

第二十二条 因忽视安全生产、管理不善；工作不负责，违章指挥；玩忽职守，徇私舞弊等对学生造成严重的人身、财物损害的，由其所在单位或上级主管部门，视具体情况对有关责任人员分别给予责令检查、赔偿损失、行政处分，直至依法追究刑事责任。

第二十三条 学生未经批准擅自离校不归发生意外事故的，学校不承担责任。对擅自离校不归，学校不知去向的学生，学校应及时寻找并报告当地公安部门，及时通知学生家长。半月不归且未说明原因者，学校可张榜公布，按自动退学除名。

第二十四条 学生假期或办理离校手续后发生意外事故的，学校不承担责任。

第二十五条 在校内正常生活及由学校在校外组织的活动中，由于不能避免的原因或自然灾害而发生的事故，由学校视具体情况处理。

第二十六条 有条件的高等学校可为学生办理人身保险。

第二十七条 凡经学校指定的专业医院确诊为精神病、癫痫病患者的学生，应予退学，由其监护人负责领回，学生及其监护人不得无理纠缠，扰乱学校教学、生活秩序。

第二十八条 因事故伤残的学生，经治疗后病情稳定，学校认为生活能自理，能坚持在校学习，可留校继续学习；不能坚持在校学习者，应予退学，由学校按其实际学习年限发给肄业证书，并根据事故性质和伤残程度一次性给予适当经济补助。退学学生回其监护人所在地，当地民政等有关部门应协助做好接收、落户等工作，由当地劳动部门按国家关于残疾人劳动就业有关规定安置。

第二十九条 学生因病死亡和责任不由学校承担的意外死亡，学校不承担丧葬费。如家庭确有困难者，学校可酌情予以一次性经济补助。

第三十条 因责任不在本人的意外死亡学生，由学校或有关单位参照国家关于事业职工死亡丧葬有关规定处理，负责丧葬费的全部，学校可一次性给予适当经济补助。

无论何种情况（事故）给予的经济补助，一般不超过国家规定的学生在校期间（以四年计）的平均奖学金数。凡是事故责任由学校以外的其他单位、个人承担的，学校不再给予经济补助。

第三十一条 因保护国家财产和他人人身安全，见义勇为而致残或英勇牺牲的学生，学校应报请所在省、自治区、直辖市人民政府授予荣誉称号，并给予相应的待遇。

第三十二条 对事故处理不服或持有异议者，可向学校或学校上一级部门申诉，或者依法向人民法院提起民事诉讼。

第五章 附则

第三十三条 普通高等学校研究生事故处理，参照本办法执行。

第三十四条 本暂行规定结合《普通高等学校学生管理规定》《高等学校校园秩序管理若干规定》试行。

第三十五条 各省、自治区、直辖市教育行政部门和各高等学校可根据本暂行规定制定实施细则。

第三十六条 本暂行规定由教育部解释。

第三十七条 本暂行规定自发布之日起试行。

国家教育考试违规处理办法

（2004 年 5 月 19 日中华人民共和国教育部令第 18 号发布，根据 2012 年 1 月 5 日《教育部关于修改〈国家教育考试违规处理办法〉的决定》修正）

第一章　总则

第一条　为规范对国家教育考试违规行为的认定与处理，维护国家教育考试的公平、公正，保障参加国家教育考试的人员（以下简称考生）、从事和参与国家教育考试工作的人员（以下简称考试工作人员）的合法权益，根据《中华人民共和国教育法》及相关法律、行政法规，制定本办法。

第二条　本办法所称国家教育考试是指普通和成人高等学校招生考试、全国硕士研究生招生考试、高等教育自学考试等，由国务院教育行政部门确定实施，由经批准的实施教育考试的机构承办，面向社会公开、统一举行，其结果作为招收学历教育学生或者取得国家承认学历、学位证书依据的测试活动。

第三条　对参加国家教育考试的考生以及考试工作人员、其他相关人员，违反考试管理规定和考场纪律，影响考试公平、公正行为的认定与处理，适用本办法。

对国家教育考试违规行为的认定与处理应当公开公平、合法适当。

第四条　国务院教育行政部门及地方各级人民政府教育行政部门负责全国或者本地区国家教育考试组织工作的管理与监督。

承办国家教育考试的各级教育考试机构负责有关考试的具体实施，依据本办法，负责对考试违规行为的认定与处理。

第二章　违规行为的认定与处理

第五条　考生不遵守考场纪律，不服从考试工作人员的安排与要求，有下列行为之一的，应当认定为考试违纪：

（一）携带规定以外的物品进入考场或者未放在指定位置的；

（二）未在规定的座位参加考试的；

（三）考试开始信号发出前答题或者考试结束信号发出后继续答题的；

（四）在考试过程中旁窥、交头接耳、互打暗号或者手势的；

（五）在考场或者教育考试机构禁止的范围内，喧哗、吸烟或者实施其他影响考场秩序的行为的；

（六）未经考试工作人员同意在考试过程中擅自离开考场的；

（七）将试卷、答卷（含答题卡、答题纸等，下同）、草稿纸等考试用纸带出考场的；

（八）用规定以外的笔或者纸答题或者在试卷规定以外的地方书写姓名、考号或者以其他方式在答卷上标记信息的；

（九）其他违反考场规则但尚未构成作弊的行为。

第六条 考生违背考试公平、公正原则，在考试过程中有下列行为之一的，应当认定为考试作弊：

（一）携带与考试内容相关的材料或者存储有与考试内容相关资料的电子设备参加考试的；

（二）抄袭或者协助他人抄袭试题答案或者与考试内容相关的资料的；

（三）抢夺、窃取他人试卷、答卷或者胁迫他人为自己抄袭提供方便的；

（四）携带具有发送或者接收信息功能的设备的；

（五）由他人冒名代替参加考试的；

（六）故意销毁试卷、答卷或者考试材料的；

（七）在答卷上填写与本人身份不符的姓名、考号等信息的；

（八）传、接物品或者交换试卷、答卷、草稿纸的；

（九）其他以不正当手段获得或者试图获得试题答案、考试成绩的行为。

第七条 教育考试机构、考试工作人员在考试过程中或者在考试结束后发现下列行为之一的，应当认定相关的考生实施了考试作弊行为：

（一）通过伪造证件、证明、档案及其他材料获得考试资格、加分资格和考试成绩的；

（二）评卷过程中被认定为答案雷同的；

（三）考场纪律混乱、考试秩序失控，出现大面积考试作弊现象的；

（四）考试工作人员协助实施作弊行为，事后查实的；

（五）其他应认定为作弊的行为。

第八条 考生及其他人员应当自觉维护考试秩序，服从考试工作人员的管理，不得有下列扰乱考试秩序的行为：

（一）故意扰乱考点、考场、评卷场所等考试工作场所秩序；

（二）拒绝、妨碍考试工作人员履行管理职责；

（三）威胁、侮辱、诽谤、诬陷或者以其他方式侵害考试工作人员、其他考生合法权益的行为；

（四）故意损坏考场设施设备；

（五）其他扰乱考试管理秩序的行为。

第九条 考生有第五条所列考试违纪行为之一的，取消该科目的考试成绩。

考生有第六条、第七条所列考试作弊行为之一的，其所报名参加考试的各阶段、各科成绩无效；参加高等教育自学考试的，当次考试各科成绩无效。

有下列情形之一的，可以视情节轻重，同时给予暂停参加该项考试1至3年的处理；情节特别严重的，可以同时给予暂停参加各种国家教育考试1至3年的处理：

（一）组织团伙作弊的；

（二）向考场外发送、传递试题信息的；

（三）使用相关设备接收信息实施作弊的；

（四）伪造、变造身份证、准考证及其他证明材料，由他人代替或者代替考生参加考试的。

参加高等教育自学考试的考生有前款严重作弊行为的，也可以给予延迟毕业时间1至3年的处理，延迟期间考试成绩无效。

第十条　考生有第八条所列行为之一的，应当终止其继续参加本科目考试，其当次报名参加考试的各科成绩无效；考生及其他人员的行为违反《中华人民共和国治安管理处罚法》的，由公安机关进行处理；构成犯罪的，由司法机关依法追究刑事责任。

第十一条　考生以作弊行为获得的考试成绩并由此取得相应的学位证书、学历证书及其他学业证书、资格资质证书或者入学资格的，由证书颁发机关宣布证书无效，责令收回证书或者予以没收；已经被录取或者入学的，由录取学校取消录取资格或者其学籍。

第十二条　在校学生、在职教师有下列情形之一的，教育考试机构应当通报其所在学校，由学校根据有关规定严肃处理，直至开除学籍或者予以解聘：

（一）代替考生或者由他人代替参加考试的；

（二）组织团伙作弊的；

（三）为作弊组织者提供试题信息、答案及相应设备等参与团伙作弊行为的。

第十三条　考试工作人员应当认真履行工作职责，在考试管理、组织及评卷等工作过程中，有下列行为之一的，应当停止其参加当年及下一年度的国家教育考试工作，并由教育考试机构或者建议其所在单位视情节轻重分别给予相应的行政处分：

（一）应回避考试工作却隐瞒不报的；

（二）擅自变更考试时间、地点或者考试安排的；

（三）提示或暗示考生答题的；

（四）擅自将试题、答卷或者有关内容带出考场或者传递给他人的；

（五）未认真履行职责，造成所负责考场出现秩序混乱、作弊严重或者视频录像资料损毁、视频系统不能正常工作的；

（六）在评卷、统分中严重失职，造成明显的错评、漏评或者积分差错的；

（七）在评卷中擅自更改评分细则或者不按评分细则进行评卷的；

（八）因未认真履行职责，造成所负责考场出现雷同卷的；

（九）擅自泄露评卷、统分等应予保密的情况的；

（十）其他违反监考、评卷等管理规定的行为。

第十四条 考试工作人员有下列作弊行为之一的，应当停止其参加国家教育考试工作，由教育考试机构或者其所在单位视情节轻重分别给予相应的行政处分，并调离考试工作岗位；情节严重，构成犯罪的，由司法机关依法追究刑事责任：

（一）为不具备参加国家教育考试条件的人员提供假证明、证件、档案，使其取得考试资格或者考试工作人员资格的；

（二）因玩忽职守，致使考生未能如期参加考试的或者使考试工作遭受重大损失的；

（三）利用监考或者从事考试工作之便，为考生作弊提供条件的；

（四）伪造、变造考生档案（含电子档案）的；

（五）在场外组织答卷、为考生提供答案的；

（六）指使、纵容或者伙同他人作弊的；

（七）偷换、涂改考生答卷、考试成绩或者考场原始记录材料的；

（八）擅自更改或者编造、虚报考试数据、信息的；

（九）利用考试工作便利，索贿、受贿、以权徇私的；

（十）诬陷、打击报复考生的。

第十五条 因教育考试机构管理混乱、考试工作人员玩忽职守，造成考点或者考场纪律混乱，作弊现象严重；或者同一考点同一时间的考试有1/5以上考场存在雷同卷的，由教育行政部门取消该考点当年及下一年度承办国家教育考试的资格；高等教育自学考试考区内一个或者一个以上专业考试纪律混乱，作弊现象严重，由高等教育自学考试管理机构给予该考区警告或者停考该考区相应专业1至3年的处理。

对出现大规模作弊情况的考场、考点的相关责任人、负责人及所属考区的负责人，有关部门应当分别给予相应的行政处分；情节严重，构成犯罪的，由司法机关依法追究刑事责任。

第十六条 违反保密规定，造成国家教育考试的试题、答案及评分参考（包括副题及其答案及评分参考，下同）丢失、损毁、泄密，或者使考生答卷在保密期限内发生重大事故的，由有关部门视情节轻重，分别给予责任人和有关负责人行政处分；构成犯罪的，由司法机关依法追究刑事责任。

盗窃、损毁、传播在保密期限内的国家教育考试试题、答案及评分参考、考生答卷、考试成绩的，由有关部门依法追究有关人员的责任；构成犯罪的，由司法机关依法追究刑事责任。

第十七条 有下列行为之一的，由教育考试机构建议行为人所在单位给予行政处分；违反《中华人民共和国治安管理处罚法》的，由公安机关依法处理；构成犯罪的，由司法机关依法追究刑事责任：

（一）指使、纵容、授意考试工作人员放松考试纪律，致使考场秩序混乱、作弊严重的；

（二）代替考生或者由他人代替参加国家教育考试的；

（三）组织或者参与团伙作弊的；

（四）利用职权，包庇、掩盖作弊行为或者胁迫他人作弊的；

（五）以打击、报复、诬陷、威胁等手段侵犯考试工作人员、考生人身权利的；

（六）向考试工作人员行贿的；

（七）故意损坏考试设施的；

（八）扰乱、妨害考场、评卷点及有关考试工作场所秩序后果严重的。

国家工作人员有前款行为的，教育考试机构应当建议有关纪检、监察部门，根据有关规定从重处理。

第三章　违规行为认定与处理程序

第十八条　考试工作人员在考试过程中发现考生实施本办法第五条、第六条所列考试违纪、作弊行为的，应当及时予以纠正并如实记录；对考生用于作弊的材料、工具等，应予暂扣。

考生违规记录作为认定考生违规事实的依据，应当由 2 名以上监考员或者考场巡视员、督考员签字确认。

考试工作人员应当向违纪考生告知违规记录的内容，对暂扣的考生物品应填写收据。

第十九条　教育考试机构发现本办法第七条、第八条所列行为的，应当由 2 名以上工作人员进行事实调查，收集、保存相应的证据材料，并在调查事实和证据的基础上，对所涉及考生的违规行为进行认定。

考试工作人员通过视频发现考生有违纪、作弊行为的，应当立即通知在现场的考试工作人员，并应当将视频录像作为证据保存。教育考试机构可以通过视频录像回放，对所涉及考生违规行为进行认定。

第二十条　考点汇总考生违规记录，汇总情况经考点主考签字认定后，报送上级教育考试机构依据本办法的规定进行处理。

第二十一条　考生在普通和成人高等学校招生考试、高等教育自学考试中，出现第五条所列考试违纪行为的，由省级教育考试机构或者市级教育考试机构做出处理决定，由市级教育考试机构做出的处理决定应报省级教育考试机构备案；出现第六条、第七条所列考试作弊行为的，由市级教育考试机构签署意见，报省级教育考试机构处理，省级教育考试机构也可以要求市级教育考试机构报送材料及证据，直接进行处理；出现本办法第八条所列扰乱考试秩序行为的，由市级教育考试机构签署意见，报省级教育考试机构按照前款规定处理，对考生及其他人员违反治安管理法律法规的行为，由当地公安部门处理；评卷过程中发现考生有本办法第七条所列考试作弊行为的，由省级教育考试机构做出处理决定，并通知市级教育考试机构。

考生在参加全国硕士研究生招生考试中的违规行为，由组织考试的机构认定，由相关省级教育考试机构或者受其委托的组织考试的机构做出处理决定。

在国家教育考试考场视频录像回放审查中认定的违规行为，由省级教育考试机构认定并做出处理决定。

参加其他国家教育考试考生违规行为的处理由承办有关国家教育考试的考试机构参照前款规定具体确定。

第二十二条 教育行政部门和其他有关部门在考点、考场出现大面积作弊情况或者需要对教育考试机构实施监督的情况下，应当直接介入调查和处理。

发生第十四、十五、十六条所列案件，情节严重的，由省级教育行政部门会同有关部门共同处理，并及时报告国务院教育行政部门；必要时，国务院教育行政部门参与或者直接进行处理。

第二十三条 考试工作人员在考场、考点及评卷过程中有违反本办法的行为的，考点主考、评卷点负责人应当暂停其工作，并报相应的教育考试机构处理。

第二十四条 在其他与考试相关的场所违反有关规定的考生，由市级教育考试机构或者省级教育考试机构做出处理决定；市级教育考试机构做出的处理决定应报省级教育考试机构备案。

在其他与考试相关的场所违反有关规定的考试工作人员，由所在单位根据市级教育考试机构或者省级教育考试机构提出的处理意见，进行处理，处理结果应当向提出处理的教育考试机构通报。

第二十五条 教育考试机构在对考试违规的个人或者单位做出处理决定前，应当复核违规事实和相关证据，告知被处理人或者单位做出处理决定的理由和依据；被处理人或者单位对所认定的违规事实认定存在异议的，应当给予其陈述和申辩的机会。

给予考生停考处理的，经考生申请，省级教育考试机构应当举行听证，对作弊的事实、情节等进行审查、核实。

第二十六条 教育考试机构做出处理决定应当制作考试违规处理决定书，载明被处理人的姓名或者单位名称、处理事实根据和法律依据、处理决定的内容、救济途径以及做出处理决定的机构名称和做出处理决定的时间。

考试违规处理决定书应当及时送达被处理人。

第二十七条 考生或者考试工作人员对教育考试机构做出的违规处理决定不服的，可以在收到处理决定之日起15日内，向其上一级教育考试机构提出复核申请；对省级教育考试机构或者承办国家教育考试的机构做出的处理决定不服的，也可以向省级教育行政部门或者授权承担国家教育考试的主管部门提出复核申请。

第二十八条 受理复核申请的教育考试机构、教育行政部门应对处理决定所认定的违规事实和适用的依据等进行审查，并在受理后30日内，按照下列规定作出复核决定：

（一）处理决定认定事实清楚、证据确凿，适用依据正确，程序合法，内容适当的，决定维持。

（二）处理决定有下列情况之一的，决定撤销或者变更：

1. 违规事实认定不清、证据不足的；

2. 适用依据错误的；

3. 违反本办法规定的处理程序的。

做出决定的教育考试机构对因错误的处理决定给考生造成的损失，应当予以补救。

第二十九条　申请人对复核决定或者处理决定不服的，可以依法申请行政复议或者提起行政诉讼。

第三十条　教育考试机构应当建立国家教育考试考生诚信档案，记录、保留在国家教育考试中作弊人员的相关信息。国家教育考试考生诚信档案中记录的信息未经法定程序，任何组织、个人不得删除、变更。

国家教育考试考生诚信档案可以依申请接受社会有关方面的查询，并应当及时向招生学校或单位提供相关信息，作为招生参考条件。

第三十一条　省级教育考试机构应当及时汇总本地区违反规定的考生及考试工作人员的处理情况，并向国家教育考试机构报告。

第四章　附则

第三十二条　本办法所称考场是指实施考试的封闭空间；所称考点是指设置若干考场独立进行考务活动的特定场所；所称考区是指由省级教育考试机构设置，由若干考点组成，进行国家教育考试实施工作的特定地区。

第三十三条　非全日制攻读硕士学位全国考试、中国人民解放军高等教育自学考试及其他各级各类教育考试的违规处理可以参照本办法执行。

第三十四条　本办法自发布之日起施行。此前教育部颁布的各有关国家教育考试的违规处理规定同时废止。

学生伤害事故处理办法

第一章　总则

第一条　为积极预防、妥善处理在校学生伤害事故，保护学生、学校的合法权益，根据《中华人民共和国教育法》《中华人民共和国未成年人保护法》和其他相关法律、行政法规及有关规定，制定本办法。

第二条　在学校实施的教育教学活动或者学校组织的校外活动中，以及在学校负有管理责任的校舍、场地、其他教育教学设施、生活设施内发生的，造成在校学生人身损害后果的事故的处理，适用本办法。

第三条　学生伤害事故应当遵循依法、客观公正、合理适当的原则，及时、妥善地处理。

第四条　学校的举办者应当提供符合安全标准的校舍、场地、其他教育教学设施和生活设施。

教育行政部门应当加强学校安全工作，指导学校落实预防学生伤害事故的措施，指导、协助学校妥善处理学生伤害事故，维护学校正常的教育教学秩序。

第五条　学校应当对在校学生进行必要的安全教育和自护自救教育；应当按照规定，建立健全安全制度，采取相应的管理措施，预防和消除教育教学环境中存在的安全隐患；当发生伤害事故时，应当及时采取措施救助受伤害学生。

学校对学生进行安全教育、管理和保护，应当针对学生年龄、认知能力和法律行为能力的不同，采用相应的内容和预防措施。

第六条　学生应当遵守学校的规章制度和纪律；在不同的受教育阶段，应当根据自身的年龄、认知能力和法律行为能力，避免和消除相应的危险。

第七条　未成年学生的父母或者其他监护人（以下称为监护人）应当依法履行监护职责，配合学校对学生进行安全教育、管理和保护工作。

学校对未成年学生不承担监护职责，但法律有规定的或者学校依法接受委托承担相应监护职责的情形除外。

第二章　事故与责任

第八条　发生学生伤害事故，造成学生人身损害的，学校应当按照《中华人民共和国侵权责任法》及相关法律、法规的规定，承担相应的事故责任。

第九条　因下列情形之一造成的学生伤害事故，学校应当依法承担相应的责任：

（一）学校的校舍、场地、其他公共设施，以及学校提供给学生使用的学具、教育教学和生活设施、设备不符合国家规定的标准，或者有明显不安全因素的；

（二）学校的安全保卫、消防、设施设备管理等安全管理制度有明显疏漏，或者管理混乱，存在重大安全隐患，而未及时采取措施的；

（三）学校向学生提供的药品、食品、饮用水等不符合国家或者行业的有关标准、要求的；

（四）学校组织学生参加教育教学活动或者校外活动，未对学生进行相应的安全教育，并未在可预见的范围内采取必要的安全措施的；

（五）学校知道教师或者其他工作人员患有不适宜担任教育教学工作的疾病，但未采取必要措施的；

（六）学校违反有关规定，组织或者安排未成年学生从事不宜未成年人参加的劳动、体育运动或者其他活动的；

（七）学生有特异体质或者特定疾病，不宜参加某种教育教学活动，学校知道或者应当知道，但未予以必要的注意的；

（八）学生在校期间突发疾病或者受到伤害，学校发现，但未根据实际情况及时采取相应措施，导致不良后果加重的；

（九）学校教师或者其他工作人员体罚或者变相体罚学生，或者在履行职责过程中违反工作要求、操作规程、职业道德或者其他有关规定的；

（十）学校教师或者其他工作人员在负有组织、管理未成年学生的职责期间，发现学生行为具有危险性，但未进行必要的管理、告诫或者制止的；

（十一）对未成年学生擅自离校等与学生人身安全直接相关的信息，学校发现或者知道，但未及时告知未成年学生的监护人，导致未成年学生因脱离监护人的保护而发生伤害的；

（十二）学校有未依法履行职责的其他情形的。

第十条　学生或者未成年学生监护人由于过错，有下列情形之一，造成学生伤害事故，应当依法承担相应的责任：

（一）学生违反法律法规的规定，违反社会公共行为准则、学校的规章制度或者纪律，实施按其年龄和认知能力应当知道具有危险或者可能危及他人的行为的；

（二）学生行为具有危险性，学校、教师已经告诫、纠正，但学生不听劝阻、拒不改正的；

（三）学生或者其监护人知道学生有特异体质，或者患有特定疾病，但未告知学校的；

（四）未成年学生的身体状况、行为、情绪等有异常情况，监护人知道或者已被学校告知，但未履行相应监护职责的；

（五）学生或者未成年学生监护人有其他过错的。

第十一条 学校安排学生参加活动，因提供场地、设备、交通工具、食品及其他消费与服务的经营者，或者学校以外的活动组织者的过错造成的学生伤害事故，有过错的当事人应当依法承担相应的责任。

第十二条 因下列情形之一造成的学生伤害事故，学校已履行了相应职责，行为并无不当的，无法律责任：

（一）地震、雷击、台风、洪水等不可抗的自然因素造成的；

（二）来自学校外部的突发性、偶发性侵害造成的；

（三）学生有特异体质、特定疾病或者异常心理状态，学校不知道或者难于知道的；

（四）学生自杀、自伤的；

（五）在对抗性或者具有风险性的体育竞赛活动中发生意外伤害的；

（六）其他意外因素造成的。

第十三条 下列情形下发生的造成学生人身损害后果的事故，学校行为并无不当的，不承担事故责任；事故责任应当按有关法律法规或者其他有关规定认定：

（一）在学生自行上学、放学、返校、离校途中发生的；

（二）在学生自行外出或者擅自离校期间发生的；

（三）在放学后、节假日或者假期等学校工作时间以外，学生自行滞留学校或者自行到校发生的；

（四）其他在学校管理职责范围外发生的。

第十四条 因学校教师或者其他工作人员与其职务无关的个人行为，或者因学生、教师及其他个人故意实施的违法犯罪行为，造成学生人身损害的，由致害人依法承担相应的责任。

第三章　事故处理程序

第十五条 发生学生伤害事故，学校应当及时救助受伤害学生，并应当及时告知未成年学生的监护人；有条件的，应当采取紧急救援等方式救助。

第十六条 发生学生伤害事故，情形严重的，学校应当及时向主管教育行政部门及有关部门报告；属于重大伤亡事故的，教育行政部门应当按照有关规定及时向同级人民政府和上一级教育行政部门报告。

第十七条 学校的主管教育行政部门应学校要求或者认为必要，可以指导、协助学校进行事故的处理工作，尽快恢复学校正常的教育教学秩序。

第十八条 发生学生伤害事故，学校与受伤害学生或者学生家长可以通过协商方式解决；双方自愿，可以书面请求主管教育行政部门进行调解。

成年学生或者未成年学生的监护人也可以依法直接提起诉讼。

第十九条 教育行政部门收到调解申请，认为必要的，可以指定专门人员进行调解，并应当在受理申请之日起 60 日内完成调解。

第二十条　经教育行政部门调解，双方就事故处理达成一致意见的，应当在调解人员的见证下签订调解协议，结束调解；在调解期限内，双方不能达成一致意见，或者调解过程中一方提起诉讼，人民法院已经受理的，应当终止调解。

调解结束或者终止，教育行政部门应当书面通知当事人。

第二十一条　对经调解达成的协议，一方当事人不履行或者反悔的，双方可以依法提起诉讼。

第二十二条　事故处理结束，学校应当将事故处理结果书面报告主管的教育行政部门；重大伤亡事故的处理结果，学校主管的教育行政部门应当向同级人民政府和上一级教育行政部门报告。

第四章　事故损害的赔偿

第二十三条　对发生学生伤害事故负有责任的组织或者个人，应当按照法律法规的有关规定，承担相应的损害赔偿责任。

第二十四条　学生伤害事故赔偿的范围与标准，按照有关行政法规、地方性法规或者最高人民法院司法解释中的有关规定确定。

教育行政部门进行调解时，认为学校有责任的，可以依照有关法律法规及国家有关规定，提出相应的调解方案。

第二十五条　对受伤害学生的伤残程度存在争议的，可以委托当地具有相应鉴定资格的医院或者有关机构，依据国家规定的人体伤残标准进行鉴定。

第二十六条　学校对学生伤害事故负有责任的，根据责任大小，适当予以经济赔偿，但不承担解决户口、住房、就业等与救助受伤害学生、赔偿相应经济损失无直接关系的其他事项。

学校无责任的，如果有条件，可以根据实际情况，本着自愿和可能的原则，对受伤害学生给予适当的帮助。

第二十七条　因学校教师或者其他工作人员在履行职务中的故意或者重大过失造成的学生伤害事故，学校予以赔偿后，可以向有关责任人员追偿。

第二十八条　未成年学生对学生伤害事故负有责任的，由其监护人依法承担相应的赔偿责任。

学生的行为侵害学校教师及其他工作人员以及其他组织、个人的合法权益，造成损失的，成年学生或者未成年学生的监护人应当依法予以赔偿。

第二十九条　根据双方达成的协议、经调解形成的协议或者人民法院的生效判决，应当由学校负担的赔偿金，学校应当负责筹措；学校无力完全筹措的，由学校的主管部门或者举办者协助筹措。

第三十条　县级以上人民政府教育行政部门或者学校举办者有条件的，可以通过设立学生伤害赔偿准备金等多种形式，依法筹措伤害赔偿金。

第三十一条　学校有条件的，应当依据保险法的有关规定，参加学校责任保险。

教育行政部门可以根据实际情况，鼓励中小学参加学校责任保险。

提倡学生自愿参加意外伤害保险。在尊重学生意愿的前提下，学校可以为学生参加意外伤害保险创造便利条件，但不得从中收取任何费用。

第五章　事故责任者的处理

第三十二条　发生学生伤害事故，学校负有责任且情节严重的，教育行政部门应当根据有关规定，对学校的直接负责的主管人员和其他直接责任人员，分别给予相应的行政处分；有关责任人的行为触犯刑律的，应当移送司法机关依法追究刑事责任。

第三十三条　学校管理混乱，存在重大安全隐患的，主管的教育行政部门或者其他有关部门应当责令其限期整顿；对情节严重或者拒不改正的，应当依据法律法规的有关规定，给予相应的行政处罚。

第三十四条　教育行政部门未履行相应职责，对学生伤害事故的发生负有责任的，由有关部门对直接负责的主管人员和其他直接责任人员分别给予相应的行政处分；有关责任人的行为触犯刑律的，应当移送司法机关依法追究刑事责任。

第三十五条　违反学校纪律，对造成学生伤害事故负有责任的学生，学校可以给予相应的处分；触犯刑律的，由司法机关依法追究刑事责任。

第三十六条　受伤害学生的监护人、亲属或者其他有关人员，在事故处理过程中无理取闹，扰乱学校正常教育教学秩序，或者侵犯学校、学校教师或者其他工作人员的合法权益的，学校应当报告公安机关依法处理；造成损失的，可以依法要求赔偿。

第六章　附则

第三十七条　本办法所称学校，是指国家或者社会力量举办的全日制的中小学（含特殊教育学校）、各类中等职业学校、高等学校。

本办法所称学生是指在上述学校中全日制就读的受教育者。

第三十八条　幼儿园发生的幼儿伤害事故，应当根据幼儿为完全无行为能力人的特点，参照本办法处理。

第三十九条　其他教育机构发生的学生伤害事故，参照本办法处理。

在学校注册的其他受教育者在学校管理范围内发生的伤害事故，参照本办法处理。

第四十条　本办法自 2002 年 9 月 1 日起实施，原国家教委、教育部颁布的与学生人身安全事故处理有关的规定，与本办法不符的，以本办法为准。

在本办法实施之前已处理完毕的学生伤害事故不再重新处理。

高校学生获得学籍及毕业证书政策告知

一、高校学生指具有所在学校（含承担研究生培养任务的科研机构）学籍的博士研究生、硕士研究生、本科生、专科（高职）生。

二、按国家招生规定经省级招生办公室办理录取手续，持学校录取通知书入学，经录取学校复查合格的学生取得学籍。

三、自2007年始，国家实行普通高等学校本专科新生学籍电子注册制度，对取得学籍的学生实行学籍电子注册。注册规则是：教育部将全国录取新生数据分发至学校所在地省级教育行政部门，高校向所在地省级教育行政部门核对本校新生名单后予以注册，省级教育行政部门将注册新生数据报教育部审核备案。

四、普通高等学校和省级教育行政部门分别在各指定网站公布已注册新生学籍信息，学生可进入网站查询本人学籍注册情况。省、校两级网站中无学生信息者即无学籍，不能获得国家承认的学历证书。

五、国家实行学业证书制度。高校学生修完教学计划规定课程考核合格准予毕业者，获得毕业证书。毕业证书内容由国家规定，种类如下：

博士研究生毕业证书（内容）

博士研究生
毕业证书

研究生　性别　　年　月　日
生，于　年　月　至　年　月
在　　　专业学习，学制　年，
修完博士研究生培养计划规定的全部课程，成绩合格，毕业论文答辩通过，准予毕业。

培养单位：　　　校（院）长：
证书编号：　　　年　月　日

硕士研究生毕业证书（内容）

硕士研究生
毕业证书

研究生　性别　　年　月　日
生，于　年　月　至　年　月
在　　　专业学习，学制　年，
修完硕士研究生培养计划规定的全部课程，成绩合格，毕业论文答辩通过，准予毕业。

培养单位：　　　校（院）长：
证书编号：　　　年　月　日

普通高等学校本、专科毕业证书（内容）

普通高等学校
毕业证书

学生　　性别　　年　月　日生，于　　年　月　至　　年　月在本校　　专业　　年制本（专或高职）科学习，修完教学计划规定的全部课程，成绩合格，准予毕业。

校　名：　　　　校（院）长：
证书编号：　　　　年　月　日

独立学院毕业证书（内容）

普通高等学校
毕业证书

学生　　性别　　年　月　日生，于　　年　月　至　　年　月在本学院　　专业　　年制　　科学习，修完教学计划规定的全部课程，成绩合格，准予毕业。

校名：×× 大学××学院　　院长：
证书编号：　　　　年　月　日

普通高等学校“专升本”毕业证书（内容）

普通高等学校
毕业证书

学生　　性别　　年　月　日生，于　　年　月　至　　年　月在本校　　专业专科起点本科学习，修完教学计划规定的全部课程，成绩合格，准予毕业。

校　名：　　　　校（院）长：
证书编号：　　　　年　月　日

五年一贯制专科（高职）毕业证书（内容）

普通高等学校
毕业证书

学生　　性别　　年　月　日生，于　　年　月　至　　年　月在本校　　专业五年一贯制专科（高职）学习，修完教学计划规定的全部课程，成绩合格，准予毕业。

校　名：　　　　校（院）长：
证书编号：　　　　年　月　日

成人高等教育本、专科毕业证书（内容）

成人高等教育
毕业证书

学生　　性别　　　　年　　月　　日
生，于　　年　月　　至　　年　　月
在本校　　　　　专业（脱产）（业余）
（函授）学习，修完本（专）科教学计划规定的全部课程，成绩合格，准予毕业。
校　　名：　　　　　　校（院）长：

批准文号：
证书编号：　　　　　　　年　　月　　日

成人高等教育专科起点本科毕业证书（内容）

成人高等教育
毕业证书

学生　　性别　　　　年　　月　　日
生，于　　年　月　　至　　年　　月
在本校　　　　　专业（脱产）（业余）
（函授）学习，修完专科起点本科教学计划规定的全部课程，成绩合格，准予毕业。
校　　名：　　　　　　校（院）长：

批准文号：
证书编号：　　　　　　　年　　月　　日

网络教育本、专科毕业证书（内容）

毕业证书

学生　　性别　　　　年　　月　　日
生，于　　年　月　　至　　年　　月
在本校　　　　　专业网络教育本（专、专升本）科学习，修完教学计划规定的全部课程，成绩合格，准予毕业。

校　　名：　　　　　　校（院）长：
证书编号：　　　　　　　年　　月　　日

第二学士学位生毕业证书（内容）

毕业证书

学生　　性别　　　　年　　月　　日
生，于　　年　月　　至　　年　　月
在本校　　　　　专业学习，修完第二学士学位教学计划规定的全部课程，成绩合格，准予毕业。

校　　名：　　　　　　校（院）长：
证书编号：　　　　　　　年　　月　　日

六、国家实行学历证书电子注册制度。高校颁发的毕业证书报所在地省级教育行政部门依据入学时学籍电子注册数据审核注册后，报教育部审核备案并提供网上查询（中国高等教育学生信息网，网址：http://www.chsi.com.cn）。经电子注册的毕业证书国家予以承认和保护，未经电子注册的国家不予承认。

第二部分　学校教学管理制度

盘锦职业技术学院选课管理规定

学生自主选课活动是学生学业管理的核心工作之一，是教学运行管理的重要环节。为进一步规范我校学生选课工作，加强选课管理，特制订本规定。

第一条 学生的选课活动是形成学生知识结构的重要环节，也是教师工作量核算、学生成绩登录，以及优化教育资源等一系列后续管理工作顺利开展的基础。各教学单位及有关工作人员应加强学生选课活动的指导和管理。

第二条 人才培养方案是选课的重要依据，人才培养方案必须提前向学生公布。各教学单位教学副主任、辅导员应负责对本院学生的选课进行必要的组织与指导，使学生选课更加符合个性化发展需要。

第三条 学生应严肃认真地对待选课活动，并严格按照学校有关文件以及本规定的要求进行选课。

第四条 学生应在培养方案、学期教学计划、课程简介、任课教师简介，以及个人情况的基础上进行选课。

第五条 学生选课不能选上课时间完全冲突的课程。学生选课时间为每学期学前周或第一周。

第六条 学生选修任选课每人每学期一般只选一门（不含体育），每人第三或第四学期只能选修一门专项体育课。

第七条 学生选课后无故不参加考试，成绩以0分记；学生不得参加本人未选课程的考试。

第八条 由于选课人数不足，或其他原因未开出的课程，由教务处负责通知任课教师所在学院，取消该门课程该学期的教学任务。

第九条 由于选课人数不足课程取消而导致选课无效的学生，可在已开选修课程中补选。

第十条 选课一经确定不得增选、退选或改选。因人才培养方案及课程调整等原因确需更改选课的，由学生所在学院（部）提出意见，报教务处备案。

盘锦职业技术学院学生考勤管理实施细则

为加强学生考勤管理，保证正常的教学秩序，树立良好的学风，根据《盘锦职业技术学院学生学籍管理办法》，制定本细则。

第一条 学生出勤要求

1．学生必须在每学期开学时按学校规定的时间返校缴纳学费后到各学院进行登记，自开学第一天开始考勤。因故不能如期登记者，必须履行请假手续。

2．学生必须按时参加培养方案规定的和学校组织的各项活动。学生上课、实验、实习、见习、军训、形势与政策等活动都实行考勤，学生不得迟到、早退，因故不能参加者，必须按规定办理请假手续。

3．学生在节假日期间，必须按规定的时间离校和返校。

第二条 考勤办法与程序

学生的考勤由各学院具体负责，学生每天的考勤由任课教师和辅导员（或班主任）指定的学生干部负责，考勤人员必须以高度负责的精神，实事求是地做好考勤工作，严禁包庇、打击报复、虚报等行为。

考勤程序如下。

1．由辅导员（班主任）指定的学生干部每天按课程节次做好考勤记录，每节课的考勤登记须经任课教师核准后如实填写《教室日志》，负责考勤的学生干部同时将本班的考勤记录情况报送学院里。

2．对旷课达到处分节数的学生，学院要及时按有关规定提出处理意见，报有关部门审批后予以处理。

第三条 请假办法

1．学生因故需请假者，按照《盘锦职业技术学院学生请销假管理办法》履行请假手续，并将准假凭证交予负责考勤的学生干部：

（1）请假1天以内者，由辅导员（班主任）批准；

（2）请假1天以上、3天以内者，由学院副书记批准；

（3）请假3天以上、7天以内者，由学院书记批准；

（4）请假7天以上，由学生工作处批准；

（5）在校外进行教学活动期间，由领队教师批准。

2．学生请假应事先办理手续，经批准后方为有效，除不可抗力因素外，不得事后补假；对请事假者应严格控制；请病假者必须有学校医务室或县级及以上医院证明（回农村的要乡镇一级医院证明）；经批准公假者，应持批准证明向负责考勤的学生干部登记。

3．学生请假期满，应向学院履行销假手续。需延长请假时间者，须办理续假手续。如本人确不能亲自办理，可委托他人代办。

第四条 旷课、缺课的处理

1．学生未履行请假手续而不按时间回校报到，或不按时参加专业培养方案规定的以及学校、学院统一组织的活动，均以旷课论处。

2．授课时间内，学生旷课1天，按实际授课时数计；集中活动（指实习、见习、军训、形势与政策等活动）旷课1天，按每天6学时计。迟到或早退达20分钟及以上的，按旷课1学时论处；迟到、早退在20分钟以内的，三次按旷课1学时计。

3．对旷课的学生，各学院应令其检讨并进行批评教育。旷课达到一定时数者，按有关规定处理。

4．学生一学期单科课程缺课（含病、事假）累计超过该门课程学期总学时的1/4者，做禁考处理。

5．学生一学期病假、事假累计达该学期总学时1/4及以上者，作休学处理，不休学者作退学处理。

6．未经请假逾期2周不报到，或擅自离校达2周者，按退学处理。

7．屡次旷课，经多次教育不改，一学期累计达40学时及以上者，作退学处理。

盘锦职业技术学院学生课堂常规规定

一、学生必须按时上课，不迟到，不早退，不旷课。迟到者经教师同意，方可进入教室。

二、在上课铃响前五分钟，学生应进入教室，在自己的座位上坐好（临时教室应保证前排入座），准备好上课需要的课本、笔记本、文具用品，与本节课无关的其他用具不随意放在桌子上，不谈笑，不走动，保持教室安静，必须关闭通信工具，等待教师上课。

三、上课铃响前，学习委员向老师报告学生出勤情况，老师登记在出勤表上。

四、上课铃响后，老师开始讲课时，迟到的学生不得在教室外逗留，可将教室门轻轻推开，先喊："报告！"经老师同意后轻步进入自己的座位。老师询问迟到原因时，应如实说明情况。

五、上课时要精神饱满，专心致志听课，积极思考，做好学习笔记。不做其他作业，不准看与本课无关的书报。不得影响课堂秩序，如：不随意讲话，不准交头接耳，不离位，不睡觉，不玩手机，不准吃零食、喝茶水等。学生上课衣裤要整洁，不能穿背心、拖鞋上课。

六、上课坐姿端正，不前俯后仰或单臂撑头斜坐，不左顾右盼，读书写字姿势要正确，注意保护视力。

七、教师提问，同学起立回答，其他同学不得暗示或讥笑。答完后得到教师允许，方能坐下。老师讲课时不得随意插话，有问题向老师发问时要先举手，经老师允许后，再提问。答问声音要使同学和老师都听得见，使用普通话，语音力求简洁明了，清晰洪亮。

八、下课铃响后，老师宣布"下课"，目送老师离开。同学们整理好用具再出教室。如有领导、老师来听课，同学们热烈鼓掌欢迎，下课后应鼓掌欢送，并让听课老师先走。

九、上课时，同学必须尊重老师的劳动，服从老师的教育管理，不得对老师无礼。若意见不一致时，课下向老师或学校提出。"维权小组"要认真记好《教室日志》，请任课老师签字，尤其对任课老师的迟到、早退、缺漏课或补课等应该记得准确无误，并定期上报教务处。

十、学生要严格遵守学校作息时间，不到时间不得要求老师提前下课（尤其是第四节），学生不得提前离开课堂。

十一、在实验室和各类专用教室上课，要提前整队进去，不得大声喧哗，要严格执行有关规定和操作规程，服从管理，爱护设备；在场馆上体育课时，由体育委员提前整队，向老师报告人数，师生互相问好。要严肃认真，注意安全，不穿不适合体育活动的服装。

十二、违反上述规定者，按情节轻重，由任课教师给予批评教育，情节严重者，取消其平时考核成绩，不准许参加期末考试。

盘锦职业技术学院补考、重修实施办法

为进一步推进学分制，加强教学管理，严肃考风考纪，激励和调动学生的学习积极性，提高教育教学质量，规范课程补考、重修的管理，结合学校实际情况，制定本实施办法，具体内容如下：

第一条 凡具有下列情况之一者，必须申请该门课程重修：

1. 未办理缓考手续或未经学校批准，擅自缺考者，该课程成绩以零分记，不准参加正常补考，只能申请重修。

2. 某门课程旷缺课，学时累计超过该课程学期总课时数四分之一者，该课程期末成绩记为零分，不准参加正常补考，只能申请重修。

3. 凡期末考试违纪、作弊者，该课程成绩以零分记，不准参加正常补考，只能申请重修。

4. 凡不参加正常补考或参加补考仍不及格者，则该门课程必须申请重修。

第二条 课程补考及重修的安排：

1. 补考时间定在每学期开学初进行，专业课由二级学院负责，公共课由教务处统一安排。

2. 期初补考成绩录入系统后，教务处在系统中导出重修学生名单，并反馈给各二级学院，核对重修名单。

第三条 课程补考及重修的教学管理：

1. 重修课程一般采取单独编班授课方式进行。公共课教务处统一安排编班，专业课由各二级学院编班重修，以教师集中授课、辅导、答疑为主，学生自修为辅。

2. 补考及重修课程的教学管理、考试组织、成绩录入等工作，教务处统一安排，教务处负责补考及重修的监管。

第四条 补考、重修成绩以考试成绩评定。

盘锦职业技术学院学生考试违规处理办法

第一章　总则

第一条　为维护学校正常的教育教学秩序，建设良好的考风、学风和校风，维护学校考试的公平、公正，提升学生道德素质和倡导诚信，规范学生考试违规行为的认定和处理，根据《中华人民共和国高等教育法》《普通高等学校学生管理规定》(教育部令第41号)《国家教育考试违规处理办法》(教育部令第33号令)的有关规定，结合我校实际，制定本办法。

第二条　本办法适用于全体在校学生。

第三条　对参加学校全日制课程考试和考查的学生，违反考试管理规定和考场纪律，影响考试公平、公正行为的认定与处理，适用本办法。学校学生参加其他各级各类教育考试，有违纪作弊行为的，视情节轻重参照本办法处理。

第二章　考试纪律

第四条　学生参加考试，须遵守以下考试纪律：

（一）参加考试，须出示身份证、学生证或其他有效证明材料；

（二）考试开始15分钟后不准进入考场，以缺考论处；

（三）进入考场后须服从监考教师安排，并将证件放于桌面上；

（四）发现考场座位涂写有与考试内容相关的文字，须及时向监考教师报告；

（五）参加考试，须将考试必备用品以外的所有物品放置讲台等远离座位的指定位置处；

（六）考试过程中，不得向他人借用文具和计算器等，特殊情况需经监考教师同意；

（七）考试过程中不得与他人讲话，不得干扰监考教师工作，不得擅自离开考场，有特殊情况须及时向监考教师报告；

（八）考试结束即刻结束答题，并遵照监考教师指定的方式交卷，交卷过程要保持安静，不得大声喧哗。

第三章　违规行为的认定

第五条　本办法所称考试违规分为考试违纪和考试作弊。学生考试违规的处分种类有：

（一）警告；

（二）严重警告；

（三）记过；

（四）留校察看；

（五）开除学籍。

第六条　考生不遵守考场纪律，不服从考试工作人员的安排与要求，有下列行为之一的，应当认定为考试违纪：

（一）携带规定以外的物品进入考场或者未放在指定位置的，规定以外的物品包括书籍、资料、笔记本等有文字信息的纸质材料以及有储存或者传递信息功能的电子设备；

（二）未在规定的座位参加考试的；

（三）考试开始信号发出前答题或者考试结束信号发出后继续答题的；

（四）在考试过程中旁窥、交头接耳、互打暗号或者手势的；

（五）在考场或者考试禁止的范围内，喧哗、吸烟或者实施其他影响考场秩序的行为的；

（六）未经考试工作人员同意在考试过程中擅自离开考场的；

（七）将试卷、答卷（含答题卡、答题纸等，下同）、草稿纸等考试用纸带出考场的；

（八）用规定以外的笔或者纸答题或者在试卷规定以外的地方书写姓名、考号或者以其他方式在答卷上标记信息的；

（九）其他违反考场规则但尚未构成作弊的行为。

第七条　考生违背考试公平、公正原则，在考试过程中有下列行为之一的，应当认定为考试作弊：

（一）携带与考试内容相关的材料或者存储有与考试内容相关资料的电子设备参加考试的；

（二）抄袭或者协助他人抄袭试题答案或者与考试内容相关的资料的；

（三）抢夺、窃取他人试卷、答卷或者胁迫他人为自己抄袭提供方便的；

（四）携带具有发送或者接收信息功能的设备的；

（五）由他人冒名代替参加考试的；

（六）故意销毁试卷、答卷或者考试材料的；

（七）在答卷上填写与本人身份不符的姓名、考号等信息的；

（八）传、接物品或者交换试卷、答卷、草稿纸的；

（九）其他以不正当手段获得或者试图获得试题答案、考试成绩的行为。

第八条 工作人员在考试过程中或者在考试结束后发现下列行为之一的，应当认定相关的考生实施了考试作弊行为：

（一）通过伪造证件、证明、档案及其他材料获得考试资格、加分资格和考试成绩的；

（二）评卷过程中被认定为答案雷同的；

（三）考场纪律混乱、考试秩序失控，出现大面积考试作弊现象的；

（四）考试工作人员协助实施作弊行为，事后查实的；

（五）其他应认定为作弊的行为。

第九条 考生及其他人员应当自觉维护考试工作场所的秩序，服从考试工作人员的管理，不得有下列扰乱考试秩序的行为：

（一）故意扰乱考点、考场、评卷场所等考试工作场所秩序；

（二）拒绝、妨碍考试工作人员履行管理职责；

（三）威胁、侮辱、诽谤、诬陷或者以其他方式侵害考试工作人员、其他考生合法权益的行为；

（四）故意损坏考场设施设备；

（五）其他扰乱考试管理秩序的行为。

第四章 违规行为的处理

第十条 考生有第六至九条所列考试违规行为之一的，该科目的考核成绩记 0 分，并视违规情节给予警告及以上处分。

在国家考试中有下列情形之一的，给予开除学籍处分：

（一）组织团伙作弊的或为作弊组织者提供试题信息、答案及相应设备等参与团伙作弊行为的；

（二）向考场外发送、传递试题信息的；

（三）使用相关设备接收信息实施作弊的；

（四）伪造、变造身份证、准考证及其他证明材料，由他人代替或者代替考生参加考试的。

第十一条 考试违规行为所涉及的具体处分认定、处理程序、处分期限设置与解除、处分决定送达和受处分学生的申诉程序等按照《盘锦职业技术学院学生违纪处分办法》执行。学校对学生作出处分决定之前，学生有陈述和申辩的权利，学生对处分决定有异议的，在接到学校处分决定书之日起 10 日内，可以向学校学生申诉处理委员会提出书面申诉。

第五章　附则

第十二条　本办法由教务处负责解释，自发布之日起施行。原《盘锦职业技术学院学生考试管理办法》《盘锦职业技术学院学生考试违纪、作弊的认定及处理办法》同时废止。

盘锦职业技术学院劳动教育管理办法

为深入贯彻习近平总书记关于教育的重要论述，全面落实《中共中央国务院关于全面加强新时代大中小学劳动教育的意见》《教育部大中小学劳动教育指导纲要（试行）》精神，充分发挥劳动教育综合育人作用，努力构建德智体美劳全面培养的教育体系，结合学校实际，制定本实施办法。

一、指导思想

以习近平新时代中国特色社会主义思想为指导，全面贯彻党的教育方针，落实立德树人根本任务，坚持培育和践行社会主义核心价值观贯穿人才培养全过程，与德育、智育、体育、美育相融合，注重教育实效，实现知行合一；促进学生形成勤俭、奋斗、创新、奉献的劳动精神，培养学生正确劳动价值观和良好劳动品质。

二、总体目标

准确把握社会主义建设者和接班人的劳动精神面貌、劳动价值取向和劳动技能水平的培养要求，将劳动教育纳入专业人才培养方案，全面提高学生劳动素养。通过劳动教育，使学生牢固树立劳动最光荣、劳动最崇高、劳动最伟大、劳动最美丽的思想观念，具有必备的劳动能力，养成良好的劳动习惯和品质，培育学生积极的劳动精神。

三、基本原则

（一）坚持育人导向。

坚持党的领导，围绕培养担当民族复兴大任的时代新人，充分发挥劳动教育树德、增智、强体、育美的综合育人价值，把准劳动教育价值取向，引导学生树立正确的劳动观，崇尚劳动、尊重劳动，着力提升学生综合素质，促进学生全面发展、健康成长。

（二）紧密结合实际。

紧密结合经济社会发展变化和学生生活实际，充分挖掘学生生活和学习场所、校外实习实践基地、创新创业教育平台等可利用资源，有效发挥课程教学、实验实训、勤工助学、社会实践、校园文化、创新创业、产教融合的劳动教育功能，构建以日常生活劳动、专业生产劳动和公益服务性劳动为主，理论与实践、校内与校外相结合，由学校党委统一领导、多部门协同联动、全校师生共同参与的劳动教育工作格局。

（三）注重教育实效。

有目的、有计划地组织学生参加日常生活劳动、专业生产劳动和公益服务性劳动，以体力劳动为主，注意手脑并用、安全适度，让学生动手实践、出力流汗，接受锻炼、磨炼意志，亲历劳动过程，感受劳动的艰辛和收获的快乐，强化实践体验，增强获得感、成就感、荣誉感，引导学生强化诚实合法劳动意识，提高创造性劳动能力，提升劳动育人实效。

四、具体措施

（一）开设“劳动教育”课程。

开设2学分、32学时的“劳动教育”必修课，设置理论教学环节和综合实践环节。加强马克思主义劳动观教育，普及与学生职业发展密切相关的通用劳动科学知识，进行必要的实践体验，使学生深刻理解马克思主义劳动观和社会主义劳动关系，树立正确的择业、就业、创业观，具有到艰苦地区和行业工作的奋斗精神。引进劳动教育精品在线开放课程，纳入通识教育选修课，丰富劳动教育课程资源。（责任单位：学生工作处、教务处）

（二）将劳动教育融入通识教育必修课。

将劳动教育融入思政课程教学全过程，在思政课中强化马克思主义劳动观教育，大力弘扬劳动精神、劳模精神、工匠精神。在就业创业课中开展劳动观和就业择业观教育、劳动相关法律法规与政策教育，引导学生积极面对就业和创新创业中的各种挑战。（责任单位：教务处、思政教研部、招生就业处）

（三）将劳动教育融入专业课教学。

各学院要结合学科、专业特点，将劳动教育有机纳入专业教育，不断深化产教融合，强化劳动锻炼要求，加强与行业骨干企业、高新企业、中小微企业紧密协同，建立相对稳定的实习实践基地，推动人才培养模式改革。专业类课程主要与服务学习、实习实训、科学实验、社会实践、毕业设计等相结合开展各类劳动实践，注重分析相关劳动形态发展趋势，强化劳动品质培养。（责任单位：教务处、各二级学院）

（四）将劳动教育与创新创业教育相结合。

以大学生创新创业训练计划项目、“互联网+”、“挑战杯”、学科竞赛等为抓手，强化科教协同和实践体验，教育引导学生重视新知识、新技术、新工艺、新方法应用，提高学生在生产实践中发现问题和创造性解决问题的能力，在动手实

践的过程中创造有价值的物化劳动成果，积累职业经验，提升创新创业能力。（责任单位：团委、教务处、各二级学院）

（五）组织开展劳动教育周。

每年设立劳动教育周，采用专题讲座、主题演讲、学习宣传、劳动技能竞赛、劳动知识竞赛、劳动成果展示、劳动项目实践、主题党团日活动等形式，开展劳动观念教育。建立校外劳动教育实践基地，有计划组织学生集中开展校外集体劳动。（责任单位：学生工作处、各二级学院）

（六）广泛开展日常生活劳动实践。

结合开展新时代校园爱国卫生运动，引导学生自觉做好宿舍卫生保洁，独立处理个人生活事务，积极参加勤工助学活动，提高劳动自立自强能力，巩固良好日常生活劳动习惯。强化学生服务性劳动，自觉参与教室、食堂、图书馆、楼宇、校园环境等的卫生保洁、绿化美化和管理服务等。依托学生社团、兴趣小组等，支持学生自主开展面向校园内的公益性劳动、服务性劳动实践活动。制定学校年度生活劳动实践计划，对日常生活实践活动作出具体安排，推进日常生活劳动实践制度化、常态化。（责任单位：学生工作处、后勤保障处、图书馆、各二级学院）

（七）组织公益服务性劳动实践。

围绕乡村振兴、社会调查、科技扶助、企业帮扶、文化宣传、医疗服务、法律宣讲、支教扫盲、环境保护等方面开展社会实践活动，组织学生深入生产劳动第一线，感受劳动的魅力。结合“三支一扶”“青年红色筑梦之旅”“三下乡”、大学生志愿服务西部计划等社会实践活动，强化公共服务意识和面对重大疫情、灾害等危机主动作为的奉献精神，引导学生扎根基层建功立业，培养学生具有到艰苦地区和行业工作的奋斗精神。利用城乡社区、敬老院、福利院等公共服务资源建立志愿者服务基地，组织学生参与各类大型活动志愿服务，开展志愿者星级认证，强化学生的公益服务意识。（责任单位：团委、教务处、各二级学院）

（八）开展校园劳动文化建设。

将劳动习惯、劳动品质的养成教育融入校园文化建设之中，结合植树节、学雷锋纪念日、五一劳动节、农民丰收节、志愿者日等，开展丰富多样的劳动主题教育活动，营造劳动光荣、创造伟大的校园文化。举办“劳模大讲堂”、“大国工匠进校园”、优秀毕业生报告会等劳动榜样人物进校园活动，让学生近距离感受工匠精神和劳模风范。依托“劳动之星”“文明宿舍”等评选活动对劳动表现突出的学生予以表扬，树立一批优秀典型，提升劳动教育的吸引力和感染力。综合运用讲座、宣传栏、新媒体等，广泛宣传劳动榜样人物事迹，特别是身边的普通劳动者事迹，聆听劳模故事，观摩精湛技艺，感受并领悟勤勉敬业的劳动精神，争做新时代的奋斗者。（责任单位：党委工作部、学生工作处、各二

级学院）

五、组织保障

（一）加强组织领导。

成立以学校党委书记、校长为组长，其他校领导为副组长，相关部门和各二级学院主要负责人为成员的劳动教育工作领导小组，定期研究劳动教育相关工作，出台相关政策措施，形成学校全面实施劳动教育的长效机制。领导小组下设办公室，办公室设在学生工作处，负责学校劳动教育具体工作。各二级学院成立以学院党委书记（党总支书记）、院长为组长的学生劳动教育工作组，负责本学院劳动教育具体实施。（责任单位：教务处、学生工作处、各二级学院）

（二）加强师资队伍建设。

依托专业教师、学生社团指导教师、创新创业导师、校外企业导师等，充分发挥教职员工特别是班主任、辅导员、导师的作用，建立专兼职相结合的劳动教育师资队伍。把劳动教育纳入教师培训内容，开展全员培训，强化教师的劳动意识、劳动观念，提升实施劳动教育的自觉性。鼓励教师通过挂职、进修等方式参与专业领域相关的基层社会实践，提升实践技能。鼓励教师开展劳动教育研究，加大劳动教育实践创新成果的培育力度。（责任单位：人事处、教务处、学生工作处、科技与规划处、各二级学院）

（三）建立健全评价机制。

建立科学评价体系，强化劳动教育评价，学生达到学校规定的劳动教育标准方可毕业。思政课、就业创业课、专业课要将劳动教育纳入课程考核，学生修读的劳动教育类通识选修课程纳入通识教育选修课相应模块，参加的日常生活劳动实践和集中校外劳动实践纳入“劳动教育”必修课综合实践环节考核，参加的创新创业和公益服务性劳动实践纳入“第二课堂”体系考核。把劳动素养纳入学生综合素质评价体系，规范评价程序和方法，将参与劳动教育课程学习和实践情况纳入学生综合素质档案。建立劳动清单制度，明确学生参加劳动的具体内容和要求，开展劳动教育过程监测与纪实评价，评价结果作为衡量学生全面发展的重要内容。（责任单位：教务处、学生工作处、团委、各二级学院）

（四）健全经费投入机制。

将劳动教育专项经费纳入学校经费预算，支持开展各类劳动教育活动，加强劳动教育课程建设，加快建设校内劳动教育场所和校外劳动教育实践基地，加强劳动教育设施建设，建立劳动教育器材、耗材补充机制。（责任单位：教务处、学生工作处、财务处、资产处、后勤管理处）

（五）强化安全保障。

加强劳动安全教育，强化劳动风险意识，建立健全安全教育与管理并重的劳动安全保障体系。科学评估风险，排除安全隐患，在场所设施选择、材料选用、工具设备和防护用品使用等方面充分考虑安全、健康因素。制定劳动实践活动风险防控预案，完善应急与事故处理机制，鼓励购买劳动教育相关保险，保障劳动教育正常开展。（责任单位：学生工作处、教务处、团委、后勤管理处、安全保卫处、各二级学院）

盘锦职业技术学院课程考核管理办法

第一章 总则

第一条 为加强考务管理，规范成绩考核，准确、真实地评价教学效果，创建良好的考风和学风，根据《普通高等学校学生管理规定》《盘锦职业技术学院学生学籍管理规定》等教学管理要求，结合我校的实际，制定本办法。

第二条 课程考核以培养目标为基准，以教学标准为依据，在考核基本理论、基础知识基础上，着重考核学生实际操作能力和专业技能。

第三条 课程考核方式分为考试、考查两种。

根据各专业的教学计划确定具体采用何种考核方式，可采用的形式有笔试、上机考试（开卷或闭卷）、口试、技能操作等。

第四条 学生所修读的课程均应参加考核，考核成绩合格，可以获得规定的学分，考核成绩不合格不能获得学分。

第二章 考核要求

第五条 根据人才培养方案确定每学期考试、考查的课程。

第六条 考试课考核安排在期末考试周进行，考核课程一般不超过 4 门，笔试考试时间原则上为 90 分钟，上机考试时间原则上为 60 分钟到 90 分钟。

第七条 考查课考核安排在本课程授课课时之内进行，考查时间以不超过 2 课时为宜。考查课由课程开设所在学院及任课教师组织考核。

第八条 少于正常教学周的课程，考试时间安排在本课程结课周（或推后一周）进行。学期中途结束的课程由学院报教务处审核，可提前安排考试。对于国家或者行业统一考试的课程，可以采取分段式教学、集中式授课、辅导等更加灵活的考试方式进行，以确保职业资格证书的通过率和持有率。

第九条 各专业英语、计算机等等级考试；资格证书考试；期末考试课考核；补考、重修课程考试等由教务处统一组织，有关学院配合。

第三章 命题管理

第十条 命题要以教学标准和教材为基本依据。以考核学生掌握基础知识、基本理论和基本技能为重点，并体现高职教育教学的特点。注意对综合运用所学知识分析、解决实际问题能力和专业基本技能的考核。

第十一条 试题内容应严格以教学标准为依据，对所学内容有较宽的覆盖面，正确掌握命题范围。根据各专业特点灵活设计题型，题型搭配合理、题型多样。

第十二条 试题的题量要适度，应使大多数考生在规定时间内完成。

第十三条 试题、参考答案及评分标准的制定必须严谨准确，不得有科学性错误，评分客观、准确、简便。

第十四条 要倡导和推行教考分离。有条件实行教考分离的课程，学院应逐渐建立试题库（试卷库）。期末考试命题，考试课需按教学标准要求一律拟出难易程度相当的三套（A、B、C）试题。

第十五条 试题拟定后，命题教师将审核通过的试题（包括试题电子版及试卷汇总表）在规定时间内送交教务处。

第十六条 登记、印制、装订、分装等工作由教务处统一完成。

第十七条 考试前对试题要严格保密，任何人不得以任何方式透露或暗示试题的内容。

第十八条 上机考试题库要求是考试试题数量的3倍，组卷数量为10套，题目答案乱序，试题重复率不超过50%。

第四章 成绩评定标准

第十九条 考试、考查的课程（包括单独设课的实验课）皆采用百分制计分。五级制记分换为百分制记分时，可按优秀为95分、良好为85分、中等为75分、及格为60分、不及格为50分进行折算。考核成绩归入学生本人档案。

第二十条 高职学生课程的成绩由平时成绩（含课堂讨论、作业、出勤等）和期末考试成绩综合评定。其中，原则上平时成绩在总成绩中所占比例为30%，技能考核、期末考试成绩占70%。也可根据课程性质做适当调整。

第二十一条 考查课程评分以平时考核成绩为主，结合学生平时听课、完成实（训）验、调查、习题、课堂讨论、作业和期末考试成绩进行综合评定。

第二十二条 实习课的考查主要由实习单位和指导教师根据学生实习教学基本要求、实习报告质量和实习表现综合评定。

第二十三条 独立设置的实训（实验）、实习课程的成绩评定应根据学生平时出勤、上课表现、实训（实验）报告以及最终实训（实验）的考核成绩来综合评定实训（实验）成绩。实训（实验）的平时成绩不得低于实训（实验）总评成绩的50%。

第二十四条 独立设置的实践性课程成绩评定采用五级分制。需要由五级分制转换到百分制时，取中间值。

第二十五条 独立设置的实训（实验）课成绩不合格，可以安排补做；独立设置的实践性课程成绩不合格，应当重修。

第二十六条 体育课的考核应当根据平时考勤、课内教学等情况综合评定。

第二十七条 军事课的成绩由出勤和训练成绩组成。

第五章 成绩考核管理

第二十八条 学生因病或其他特殊情况不能按时参加考试，应当提前向所在学院提出缓考申请，经辅导员确认情况属实，学院院长同意，报教务处批准后方可缓考。缓考与补考同时进行。

第二十九条 学生补考成绩、重修考试成绩合格的均按实际分数记载成绩，成绩单中标注补考或重修字样。

第三十条 补考只有一次机会，不合格者必须重修，重修不合格者，毕业前有一次考试机会。

第三十一条 高职学生下列情况者不允许参加补考，只能参加重修。

（一）期末课程考核成绩低于 40 分者。

（二）补考不及格者。

（三）课程考核旷考者。

（四）考核违纪、作弊者。

（五）被取消考试资格者。

第三十二条 学生无特殊原因或申请缓考未准，擅自不参加规定时间的考试，或者考试迟到 30 分钟以上，均作旷考处理，总评成绩计作零分。

第三十三条 学生考试违纪或作弊的，取消该科目的考试成绩，总评成绩计作零分，并注明“作弊”字样。

第三十四条 学生缺课（含病、事假）累计超过该门课程学期总学时的 1/4 者，必须重修。

实验课缺做实验达到 1/3 的，或作业缺交达到 1/3 的，不得参加本课程的考核，须办理有关手续后参加补考或重修。

第三十五条 学生因转学或退学、出国学习，需要历年学习成绩或学历证明时，应由学生提出申请，经所在学院签署意见后，由教务处统一制发。

盘锦职业技术学院实验教学管理办法

实验教学是高职教育实践教学工作的重要环节。实验教学的基本任务是对学生进行科学实验基本技能的基础训练。通过实验教学，加深学生对所学理论的理解，培养学生技术应用能力和综合应用能力，培养学生严肃认真的科学态度和求真务实的工作作风。为进一步加强实验教学管理，保证实验教学质量，实现管理的科学化、规范化，特制定本办法。

一、课程教学标准和实验教学标准是组织实验教学的依据，实训室应根据教学标准的要求和规定的实验项目、实验学时和实验要求开出必开的实验。各教学专业要与相关实训室紧密配合，积极开展课堂教学与实验教学的研究与改革，逐步减少不必要的验证性实验，增加综合性、设计性实验。在有条件的情况下，还应增开选修实验。对实验学时较多和实验项目之间连接性较强的课程，可由教学专业提出，学院院长审定，教务处批准，单独设立实验课程。

二、凡教学标准中规定的实验项目、实验内容和要求以及分组安排，经确定后，不得随意变动，如需增减实验项目、实验学时、改变实验内容、实验要求及实验分组，必须报教务处审核批准。

三、所有教学实验都应编写实验指导书。单独设置的实验课，应正式列入教学计划，编写单独的实验教学标准和教材。采用何种实验教材或指导书，由课程所属教学专业与相关实训室共同商定。自编或改编的实验教材或指导书，须经学院院长审定后方可使用。

四、实验课前，指导教师和实验技术人员必须认真做好准备工作，检查仪器设备、材料是否完备，认真检查安全设施，确保实验安全。初次指导实验者，必须进行试讲、试做，经实训室主任或有关教师认可后方可指导。

五、每门课的任课教师必须对该课程中每个实验项目进行全方位的实验指导。

六、各门实验课的第一次课，由指导教师宣讲《学生实验守则》及有关规章制度、安全事项等。对严重违反规章制度、操作规程或不听指导的学生，教师和实验技术人员有权令其停止实验，对造成事故者，应追究其责任。

七、实验课开始，要清点学生人数，凡无故不上实验课或迟到十分钟以上者，以旷课论处。要检查学生课前预习情况，凡预习不充分者不得参加本次实验。缺做实验的学生必须补做，否则，不得参加本门课程的考试或考查。

八、实验时，指导教师应扼要讲明实验目的、要求和安全注意事项等，要全力培养学生的动手能力，提高分析、解决问题的能力。

九、指导教师和实验技术人员要教书育人、为人师表，自始至终从严要求学生。实验结束，指导教师对学生的实验结果进行审核并签字，对使用的仪器设备进行检查，学生按要求整理好实验场地并做好必要的卫生工作，经指导教师或实验技术人员验收后，学生方可离开实训室，如发现问题，要及时上报处理。

十、教师或实验技术人员要认真执行《盘锦职业技术学院实验教学考核与成绩评定的有关规定》。

十一、各教学专业、实训室应积极组织开展实验教学法的研究，有计划地组织观摩教学，不断改革实验教学方法和手段，促进实验教学质量的提高，实训室要逐步实行全天开放。

十二、每学期各学院、部应按课程分别对所属实训室所开展实验进行实验教学质量评定，有计划地组织实验教学质量检查、评定等活动，及时发现问题、及时解决，确保实验教学质量。

盘锦职业技术学院实验教学规范

为加强实验教学管理，明确实验教学要求，提高实验教学质量，特制定本规范。

一、实验教学必须有实验教材（或实验指导书），并在课前发给学生。

二、实验学时和计算机上机学时必须严格按照教学计划要求执行。

三、上实验课前，实训室必须按实验教学要求做好一切准备工作（包括全部实验设备及所需材料、检查设备完好率、排除事故隐患等），保障实验课正常运行及人身、设备安全。

四、指导教师认真备课，凡首次指导实验的教师必须认真试讲、试做，通过后方可指导实验。学生第一次到实训室，由指导教师负责宣读实验守则和有关规章制度及注意事项，对学生进行遵规守纪教育。

五、学生在上实验课前必须认真预习，明确实验目的、实验要求和实验步骤。

六、实验课开始时，指导教师要检查出席情况，填写实验课登记表，缺课的学生必须申请补做。同时检查学生预习情况，凡未预习者或预习不充分者不得参加本次实验，待预习充分后申请补做。

七、指导教师在学生开始做实验前讲解实验目的、要求、步骤及有关注意事项，讲解时间一般为15分钟左右（部分实验项目需承担课堂教学内容的除外）。实验过程中，学生应独立完成实验，指导教师或实验技术人员要认真指导，不得包办代替。

八、学生开始做实验时，按实验步骤有序进行，同时严格按设备操作规程操作，凡违反操作规程或不听指导的学生，指导教师和实验员有权停止其实验，对造成设备损坏者必须负赔偿责任。

九、学生必须按规定时间进入实训室上课，不得迟到早退，凡迟到10分钟者取消本次实验资格。补做实验的实验成绩按合格处理。学生补做实验必须在同一循环实验未完成情况下补做。迟到或旷课三次，本课程按不及格处理。

十、学生按规定的时间完成实验报告，教师对学生的实验报告要认真批改，不合格的要根据具体情况，或重做或重写实验报告。

十一、实验指导教师按“实验教学考核与成绩评定的有关规定”进行评分。不合格的不能参加本门课程的考试。

十二、要在每一轮实验结束时，及时征求学生的意见和建议，以不断改进实验教学。

盘锦职业技术学院实验教学考核与成绩评定的有关规定

实验教学是高等职业教育中极为重要的一个环节。为了进一步规范实验教学管理，特制定《盘锦职业技术学院实验教学考核与成绩评定的有关规定》。

一、实验教学包括单独设置实验课程和课程内实验两种基本形式，以下简称“实验课程”和“课程实验”。

二、实验课程和课程实验规定的实验项目，学生应全部完成，缺做的实验项目必须在本课程考核前补做，否则不得参加本课程考核。

三、实验课程的考核办法由课程教研室研究制定。实验课程的考核内容包括实验理论和实验操作两部分，课程成绩评定由考核成绩结合平时成绩综合确定。

四、课程实验是课程教学内容的重要组成部分，课程实验成绩应纳入课程总成绩；课程实验不采用单独考核形式，其成绩由各个实验项目的成绩综合而定；课程实验的成绩在本课程成绩中一般占10%～20%，具体比例由教研室视实验项目情况确定。

五、各实验项目的评分主要依据学生实验前的预习、实验过程中的操作、实验报告和对实验数据处理的能力，并结合其实验态度和遵守实训室规章制度进行评定。

六、实验报告由实验指导教师认真批改、签名、评分登记。

盘锦职业技术学院
学生实验守则

1. 实验室是进行实验教学和学生实验操作的场所，必须保持安静、整洁。学生应按照指定位置进入实验室，不得大声喧哗、不准吸烟、不准随地吐痰、不准乱抛纸屑杂物、不得擅自操作仪器装置、不准从事其他违纪违法活动等。

2. 严格遵守实验室的规章制度，听从指导，服从管理，严格执行各项安全规定，节约水电、药品、耗材和器材，爱护仪器和实验室各项设备。

3. 在经过允许进入实验室人员，要服从实验指导教师的指导，实验前要认真预习，明确实验目的、要求、方法和步骤，认真按照要求进行操作，不得在实验室内做与本实验无关的事情。

4. 进入实验室需按各实验室要求着实验服、工作服或职业装，不准穿拖鞋进入实验室，不得佩戴有碍实验操作的首饰等。

5. 学生进入实验室后对号入座，服从指导教师和实验室管理员的合理调配，不得擅自调换座位。

6. 实验中不准动用与本实验无关的仪器设备，不得动用他组的仪器、工具、文件、材料。实验时，按教师规定做好实验的准备工作，经指导教师检查同意后方可开始做实验。

7. 严格遵守仪器设备的操作规程，认真填写仪器设备使用记录。设备发生故障应立即停止实验，报指导教师和实验员处理，不得擅自拆卸。严防事故，确保实验室的安全。

8. 实验过程中要严肃认真做好实验记录，经指导教师签字认可后，方可结束实验，实验后要按时做好实验报告，交指导教师批阅，报告要求实事求是，不得抄袭、伪造和涂改，否则按不及格处理。

9. 增强环保意识，废液、废纸等废弃物按要求规范收集，提取物废渣等杂物不得倒入水槽或随地乱抛，应分别导入指定的废液缸或垃圾箱内，保持实验场所的清洁卫生；做好剩余药品试剂、耗材的回收存放。

10. 实验室管理人员有权制止学生违反实验室纪律的行为，情节严重者，有权将其逐出实验楼，取消其实验资格。

11. 学生违反操作规程造成仪器设备及实验材料损坏者，按实验设备损坏赔偿制度进行赔偿；违反实验室其他规章制度行为，将影响学生期末成绩及正常毕业。

12. 认真搞好实验室的清洁卫生。每次实验结束，个人整理好实验物品，实验所用药品、试剂、器材、仪器等归回原位，按实验指导老师要求清理废物。值日生按指导教师的要求做好实验室的卫生工作，并经教师许可后方可离开。

实验室仪器设备、实验器材损坏赔偿制度

一、赔偿范围

有下列情况之一者均属赔偿范围：

1. 因责任心不强，违反操作规程或不按实验指导教师和实验技术人员的指导，造成仪器设备、实验器材损坏者。

2. 故意损坏仪器设备、实验器材者。

3. 因管理不善，造成仪器设备，实验器材遗失者。

4. 实验结束后，实验工作人员没有及时检查仪器设备、实验器材，发生损坏、失火、变质、受潮或丢失等情况者；或知情不报隐匿实情者。

5. 未经实验与计算中心同意，擅自拆改仪器设备或挪作私用者。

6. 由于实验教师不负责任，指导失误或不及时，造成损失。

7. 尚未掌握操作技术及使用方法，未经允许，轻率动用设备器材，造成损失者。

二、非赔偿范围

下列情况，经过鉴定或有关负责人的证实，免于赔偿：

1. 因特殊实验操作本身引起的损失，确实难以避免的。

2. 因设备器材本身的缺陷或使用年久，接近损坏程度，在正常使用时发生的损坏和合理的自然损耗。

3. 因设备器材本身的质量问题，在正常使用的情况下，造成仪器设备的损坏。

4. 低值易耗品及玻璃器皿，因使用年久、自然老化、磨损，及在正常操作中的损坏。

三、赔偿标准

1. 低值易耗品、玻璃仪器、实验教学材料，损坏、丢失，按半价赔偿。

2. 低值耐用及一般仪器设备，损坏、丢失，按以下标准赔偿：

（1）对单价 1000 元以下，使用期一年以上的低值耐用品损坏，要严格计价赔偿。

（2）对单价 1000 元以上的设备，零配件损坏的，按零配件价值计算；局部损坏可以修复的，担负修理费用；损坏后质量明显下降，但尚能使用的，应按质量变化程度，酌情计算损失价值。

3. 大型、精密、贵重仪器设备损坏，可根据损坏程度，计价赔偿维修费用。

四、缴款方式及账务处理

1. 赔偿人从接到书面通知之日起 10 日内到财务处交款。过期加倍，并采取其他行政措施。

2. 严重损坏无法修复的，按规定赔偿损失费后，经审核方可进行销账处理。

3. 任何个人不许截留赔偿款。

五、赔偿管理

1. 实验材料等低值易耗品的损坏、丢失，由直接责任者填写登记单，现场指导教师提出处理意见，实验室负责人出具赔偿单，财务处交款后，到中心库房领取、补充。

2. 一般仪器设备的丢失、损坏，应由直接责任者写出情况报告，经实验室负责人提出初步意见，再由中心根据情况进行处理。

3. 大型、精密、贵重仪器设备的损坏，应立即上报主管校长，保持现场，由学校领导负责组织严格审查，立案处理，并详细记录仪器设备损坏情况。

盘锦职业技术学院实验室安全管理制度

1. 在校园内开展实验实训教学的区域统称实验室。实验室工作人员必须牢固树立“安全第一”的观念，建立健全“四防”（防火、防盗、防爆、防事故）制度，保证实验教学和科学研究工作顺利进行。

2. 每个实验室设一名安全管理教师，负责本室的安全工作。定期进行安全检查和消防知识培训。

3. 易燃、易爆、剧毒、毒菌、放射性等危险品的领取、保管（存放）、使用及污物处理，应严格执行上级的有关规定。

4. 任何人进入实验室工作，实验前必须检查火、电、防爆、防腐等设施是否正常，不得带病运转。

5. 实验指导教师在实验课开始前，必须向学生讲清防火安全措施及注意事项。在仪器运行过程中，不得擅自离岗。

6. 实验室内严禁存放杂物及与实验无关的物品。禁止吸烟。使用明火时，必须有人值守。

7. 实验室安全管理教师必须随时检查室内与电、气有关的设施及设备，发现问题，及时报告，及时解决。

8. 根据实际情况，合理放置消防器材。实验室工作人员必须掌握基本消防知识以及火灾报警和扑救方法。

9. 严格按照仪器设备“操作规程”操作。非本实验室人员进入实验室，按实验室有关规定，使用各种仪器设备。

10. 进入实验室工作的任何人员，离开实验室前必须及时断水、断电，对火、电、防爆等环节进行安全检查。坚持做到人走灯灭、关好门窗、水电等。

11. 节假日前，由实验室安全负责人进行安全检查后封门。假期值班人员发现异常情况，应及时报告和处理。

职业学校学生实习管理规定

第一章　总则

第一条　为规范和加强职业学校学生实习工作，维护学生、学校和实习单位合法权益，提高技术技能人才培养质量，推进现代职业教育高质量发展，更好地服务产业转型升级，依据《中华人民共和国教育法》《中华人民共和国职业教育法》《中华人民共和国劳动法》《中华人民共和国安全生产法》《中华人民共和国未成年人保护法》《中华人民共和国职业病防治法》及相关法律法规、规章，制定本规定。

第二条　本规定所指职业学校学生实习，是指实施全日制学历教育的中职学校、高职专科学校、高职本科学校（以下简称职业学校）学生按照专业培养目标要求和人才培养方案安排，由职业学校安排或者经职业学校批准自行到企（事）业等单位进行职业道德和技术技能培养的实践性教育教学活动，包括认识实习和岗位实习。

认识实习指学生由职业学校组织到实习单位参观、观摩和体验，形成对实习单位和相关岗位的初步认识的活动。

岗位实习指具备一定实践岗位工作能力的学生，在专业人员指导下，辅助或相对独立参与实际工作的活动。

对于建在校内或园区的生产性实训基地、厂中校、校中厂、虚拟仿真实训基地等，依照法律规定成立或登记取得法人、非法人组织资格的，可作为学生实习单位，按本规定进行管理。

第三条　学生实习的本质是教学活动，是实践教学的重要环节。组织开展学生实习应当坚持立德树人、德技并修，遵循学生成长规律和职业能力形成规律，理论与实践相结合，提升学生技能水平，锤炼学生意志品质，服务学生全面发展；应当纳入人才培养方案，科学组织，依法依规实施，切实保护学生合法权益，促进学生高质量就业创业。

第四条　地方各级人民政府相关部门应高度重视职业学校学生实习工作，切实履行责任，结合本地实际制订具体措施，鼓励企（事）业单位安排实习岗位、接纳职业学校学生实习。地方政府和行业相关部门应当鼓励和引导企（事）业单位等按岗位总量的一定比例，设立实习岗位并对外发布岗位信息。

第二章 实习组织

第五条 教育主管部门负责统筹指导职业学校学生实习工作；职业学校主管部门负责职业学校实习的监督管理。职业学校应将学生岗位实习情况按要求报主管部门备案。

第六条 职业学校应当选择符合以下条件的企（事）业单位作为实习单位：

（一）合法经营，无违法失信记录；

（二）管理规范，近3年无违反安全生产相关法律法规记录；

（三）实习条件完备，符合专业培养要求，符合产业发展实际；

（四）与学校有稳定合作关系的企（事）业单位优先。

第七条 职业学校在确定新增实习单位前，应当实地考察评估形成书面报告。考察内容应当包括：单位资质、诚信状况、管理水平、实习岗位性质和内容、工作时间、工作环境、生活环境以及健康保障、安全防护等。实习单位名单须经校级党组织会议研究确定后对外公开。

第八条 职业学校应当加强对实习学生的指导，会同实习单位共同组织实施学生实习，在实习开始前，根据人才培养方案共同制订实习方案，明确岗位要求、实习目标、实习任务、实习标准、必要的实习准备和考核要求、实施实习的保障措施等。

职业学校和实习单位应当分别选派经验丰富、综合素质好、责任心强、安全防范意识高的实习指导教师和专门人员全程指导、共同管理学生实习。要加强实习前培训，使学生、实习指导教师和专门人员熟悉各实习阶段的任务和要求。

实习岗位应符合专业培养目标要求，与学生所学专业对口或相近。原则上不得跨专业大类安排实习。

第九条 职业学校安排岗位实习，应当取得学生及其法定监护人（或家长）签字的知情同意书。对学生及其法定监护人（或家长）明确不同意学校实习安排的，可自行选择符合条件的岗位实习单位。

认识实习按照一般校外活动有关规定进行管理，由职业学校安排，学生不得自行选择。

第十条 学生自行选择符合条件的岗位实习单位，应由本人及其法定监护人（或家长）申请，经学校审核同意后实施，实习单位应当安排专门人员指导学生实习，职业学校要安排实习指导教师跟踪了解学生日常实习的情况。

第十一条 实习单位应当合理确定岗位实习学生占在岗人数的比例，岗位实习学生的人数一般不超过实习单位在岗职工总数的10%，在具体岗位实习的学生人数一般不高于同类岗位在岗职工总人数的20%。

任何单位或部门不得干预职业学校正常安排和实施实习方案，不得强制职业学校安排学生到指定单位实习，严禁以营利为目的违规组织实习。

第十二条 学生在实习单位的岗位实习时间一般为6个月，具体实习时间由职业学校根据人才培养方案安排，应基本覆盖专业所对应岗位（群）的典型工作任务，不得仅安排学生从事简单重复劳动。鼓励支持职业学校和实习单位结合学徒制培养、中高职贯通培养等，合作探索工学交替、多学期、分段式等多种形式的实践性教学改革。

第三章 实习管理

第十三条 职业学校应当明确学生实习工作分管校长和责任部门，规模大的学校应当设立专门管理部门，建立健全学生实习管理岗位责任制和相关管理制度与运行机制；会同实习单位制定学生实习工作具体管理办法和安全管理规定、实习学生安全及突发事件应急预案等制度。

职业学校应当充分运用现代信息技术，建设和完善信息化管理平台，与实习单位共同实施实习全过程管理。

第十四条 学生参加岗位实习前，职业学校、实习单位、学生三方必须以有关部门发布的实习协议示范文本为基础签订实习协议，并依法严格履行协议中有关条款。

未按规定签订实习协议的，不得安排学生实习。

第十五条 实习协议应当明确各方的责任、权利和义务，协议约定的内容不得违反相关法律法规。

实习协议应当包括但不限于以下内容：

（一）各方基本信息；

（二）实习的时间、地点、内容、要求与条件保障；

（三）实习期间的食宿、工作时间和休息休假安排；

（四）实习报酬及支付方式；

（五）实习期间劳动保护和劳动安全、卫生、职业病危害防护条件；

（六）责任保险与伤亡事故处理办法；

（七）实习考核方式；

（八）各方违约责任；

（九）三方认为应当明确约定的其他事项。

第十六条 职业学校和实习单位要依法保障实习学生的基本权利，并不得有以下情形：

（一）安排、接收一年级在校学生进行岗位实习；

（二）安排、接收未满16周岁的学生进行岗位实习；

（三）安排未成年学生从事《未成年工特殊保护规定》中禁忌从事的劳动；

（四）安排实习的女学生从事《女职工劳动保护特别规定》中禁忌从事的劳动；

（五）安排学生到酒吧、夜总会、歌厅、洗浴中心、电子游戏厅、网吧等营业性娱乐场所实习；

（六）通过中介机构或有偿代理组织、安排和管理学生实习工作。

（七）安排学生从事Ⅲ级强度及以上体力劳动或其他有害身心健康的实习。

第十七条 除相关专业和实习岗位有特殊要求，并事先报上级主管部门备案的实习安排外，实习单位应遵守国家关于工作时间和休息休假的规定，并不得有以下情形：

（一）安排学生从事高空、井下、放射性、有毒、易燃易爆，以及其他具有较高安全风险的实习；

（二）安排学生在休息日、法定节假日实习；

（三）安排学生加班和上夜班。

第十八条 接收学生岗位实习的实习单位，应当参考本单位相同岗位的报酬标准和岗位实习学生的工作量、工作强度、工作时间等因素，给予适当的实习报酬。在实习岗位相对独立参与实际工作、初步具备实践岗位独立工作能力的学生，原则上应不低于本单位相同岗位工资标准的80%或最低档工资标准，并按照实习协议约定，以货币形式及时、足额、直接支付给学生，原则上支付周期不得超过1个月，不得以物品或代金券等代替货币支付或经过第三方转发。

第十九条 在遇有自然灾害、事故灾难、公共安全等突发事件或重大风险时，按照属地管理要求，分不同风险等级、实习阶段做好分类管控工作。

第二十条 职业学校和实习单位不得向学生收取实习押金、培训费、实习报酬提成、管理费、实习材料费、就业服务费或者其他形式的实习费用，不得扣押学生的学生证、居民身份证或其他证件，不得要求学生提供担保或者以其他名义收取学生财物。

第二十一条 实习学生应当遵守职业学校的实习要求和实习单位的规章制度、实习纪律及实习协议，爱护实习单位设施设备，完成规定的实习任务，撰写实习日志，并在实习结束时提交实习报告。

第二十二条 职业学校要和实习单位互相配合，在学生实习全过程中，加强思想政治、安全生产、道德法纪、心理健康等方面的教育。

第二十三条 职业学校要和实习单位建立学生实习信息通报制度，职业学校安排的实习指导教师和实习单位指定的专人应当负责学生实习期间的业务指导和日常巡查工作，原则上应当每日检查并向职业学校和实习单位报告学生实习情况。遇有重要情况应当立即报告，不得迟报、瞒报、漏报。

第二十四条 职业学校组织学生到外地实习，应当安排学生统一住宿。具备条件的实习单位应当为实习学生提供统一住宿。职业学校和实习单位要建立实习学生住宿制度和请销假制度。学生申请在统一安排的宿舍以外住宿的，须经学生法定监护人（或家长）签字同意，由职业学校备案后方可办理。

职业学校组织学生跨省实习的，须事先经学校主管部门同意，按程序报省级主管部门备案。实习派出地省级主管部门要同步将实习学校、实习单位、实习指导教师等信息及时提供实习单位所在地省级主管部门。跨省实习数量较大的省份之间，要建立跨省实习常态化协同机制。

实习单位所在地省级教育主管部门牵头，会同省级有关部门，将接收省外实习学生的本省实习单位按职责分工纳入本部门实习日常监管体系，将监管发现的有关问题及时告知实习派出省份省级教育主管部门，并积极协助实习派出省份协调实习所在地有关部门，做好有关事件处置工作。

第二十五条 安排学生赴国（境）外实习的，应当事先经学校主管部门同意，按程序报省级主管部门备案，并通过国家驻外有关机构了解实习环境、实习单位和实习内容等情况，必要时可派人实地考察。要选派指导教师全程参与，做好实习期间的管理和相关服务工作。

第二十六条 各地职业学校主管部门应当建立学生实习管理和综合服务平台，协调相关职能部门、行业企业、有关社会组织，为学生实习提供信息服务。省级教育主管部门要会同有关部门，加强统筹整合，推进信息互通共享。

第四章 实习考核

第二十七条 职业学校要会同实习单位，完善过程性考核与结果性考核有机结合的实习考核制度，根据实习目标、学生实习岗位职责要求制订具体考核方式和标准，共同实施考核。

学生实习考核要纳入学业评价，考核成绩作为毕业的重要依据。不得简单套用实习单位考勤制度，不得对学生简单套用员工标准进行考核。

第二十八条 职业学校应当会同实习单位对违反规章制度、实习纪律、实习考勤考核要求以及实习协议的学生，进行耐心细致的思想教育，对学生违规行为依照校规校纪和有关实习管理规定进行处理。学生违规情节严重的，经双方研究后，由职业学校给予纪律处分；给实习单位造成财产损失的，依法承担相应责任。

对受到处理的学生，要有针对性地做好思想引导和教育管理工作。

第二十九条 职业学校应当组织做好学生实习情况的立卷归档工作。实习材料包括纸质材料和电子文档，具体包括以下内容：

（一）实习三方协议；

（二）实习方案；

（三）学生实习报告；
（四）学生实习考核结果；
（五）学生实习日志；
（六）学生实习检查记录；
（七）学生实习总结；
（八）有关佐证材料（如照片、音视频等）。

第五章 安全职责

第三十条 职业学校和实习单位要确立“安全第一、预防为主”的原则，强化实习单位主要负责人安全生产第一责任人职责，严格执行国家及地方安全生产、职业卫生、人格权保护等有关规定。职业学校主管部门应当会同相关行业主管部门加强实习安全监督检查。

第三十一条 实习单位应当健全本单位安全生产责任制，执行相关安全生产标准，健全安全生产规章制度和操作规程，制定生产安全事故应急救援预案，配备必要的安全保障器材和劳动防护用品，加强对实习学生的安全生产教育培训和管理，保障学生实习期间的人身安全和健康。未经教育培训或未通过考核的学生不得参加实习。

第三十二条 实习学生应遵守国家法律法规、校纪校规和实习单位安全管理规定，认真完成实习方案规定的实习任务，提高自我保护意识。

第三十三条 地方各级负有安全生产监督管理职责的部门要将实习安全责任履行情况作为安全生产检查的重要内容，在各自职责范围内对有关行业、领域实习单位落实安全生产主体责任实施监督管理，依法对实习单位制定并实施本单位实习学生教育培训计划落实情况进行监督检查。

第六章 保障措施

第三十四条 加快发展职业学校学生实习责任保险和适应职业学校学生实习需求的意外伤害保险产品，提高职业学校学生实习期间的风险保障水平。鼓励保险公司对学徒制保险专门确定费率，实现学生实习保险全覆盖。积极探索职业学校实习学生参加工伤保险办法。

第三十五条 职业学校和实习单位应当根据法律、行政法规，为实习学生投保实习责任保险。责任保险范围应当覆盖实习活动的全过程，包括学生实习期间遭受意外事故及由于被保险人疏忽或过失导致的学生人身伤亡，被保险人依法应当承担的赔偿责任以及相关法律费用等。

学生实习责任保险的费用可按照规定从职业学校学费中列支；免除学费的可从免学费补助资金中列支，不得向学生另行收取或从学生实习报酬中抵扣。职业学校与实习单位达成协议由实习单位支付学生实习责任保险投保经费的，实习单位支付的投保经费可从实习单位成本（费用）中列支。

鼓励实习单位为实习学生购买意外伤害险，投保费用可从实习单位成本（费用）中列支。

第三十六条 学生在实习期间受到人身伤害，属于保险赔付范围的，由承保保险公司按保险合同赔付标准进行赔付；不属于保险赔付范围或者超出保险赔付额度的部分，由实习单位、职业学校、学生依法承担相应责任；职业学校和实习单位应当及时采取救治措施，并妥善做好善后工作和心理抚慰。

第三十七条 地方各级工业和信息化部门应当鼓励先进制造业企业、省级“专精特新”中小企业、产教融合型企业等积极参与校企合作，提供实习岗位。

第三十八条 地方财政部门要落实职业学校生均拨款制度，统筹考虑学生实习安全保障相关支出和学费水平，科学合理确定生均拨款标准。实习单位因接收学生实习所实际发生的与取得收入有关的合理支出，依法在计算应纳税所得额时扣除。

第三十九条 地方各级国资部门应当指导国有企业特别是大型企业将实习纳入人力资源管理重要内容，对行为规范、成效显著的企业，按照有关规定予以相应政策支持。

第四十条 县级以上地方人民政府可结合实际，对实习工作成效明显的职业学校、实习学生和实习单位，按规定给予相应的激励。

第四十一条 职业学校应当对参与学生实习指导和管理工作中表现优秀的教师，在职称评聘和职务晋升、评优表彰等方面予以倾斜。

第七章　监督与处理

第四十二条 教育部门会同有关部门建立职业学校学生实习管理工作协调落实机制。有关部门根据部门职责加强日常监管，并结合教育督导、治安管理、安全生产检查、职业卫生监督检查、劳动保障监察、工商执法等，采取“双随机、一公开”方式，联合开展监督检查，对支持职业学校实习工作成效显著的实习单位，按照国家有关规定予以激励和政策支持，对违规行为依法依规严肃处理。

第四十三条 地方各级教育部门应当会同有关部门，将职业学校学生实习情况作为职业学校质量监测、办学水平评价、领导班子工作考核、财政性教育经费分配等的重要指标；纳入学校和各级地方教育行政部门年度质量报告内容，向社会公布，接受社会监督；加强调研和宣传，推广典型经验做法。

第四十四条 地方各级市场监管部门要将治理实习违规行为纳入整顿和规范市场经济秩序有关工作体系，将有实习违规行为的企业信息纳入社会信用体系，并按规定进行失信联合惩戒。

第四十五条 有关部门和职业学校要通过热线电话、互联网、信访等途径，畅通政策咨询与情况反映渠道，汇总情况反映和问题线索并建立专门台账，按管理权限和职责分工组织进行整改。

第四十六条 对违反本规定组织学生实习的职业学校，由职业学校主管部门依法责令改正。拒不改正或者管理混乱，造成严重后果、恶劣影响的，应当对学校依据《中华人民共和国教育法》《中华人民共和国职业教育法》给予相应处罚，对直接负责的主管人员和其他直接责任人依照有关规定给予处分。因工作失误造成重大事故的，应当依法依规对相关责任人追究责任。

第四十七条 实习单位违反本规定，法律法规规定了法律责任的，县级以上地方人民政府或地方有关职能部门应当依法依规追究责任。职业学校可根据情况调整实习安排，根据实习协议要求实习单位承担相关责任。

对违反本规定安排、介绍或者接收未满16周岁学生在境内岗位实习的，由人力资源社会保障行政部门依照国家关于禁止使用童工法律法规进行查处；构成犯罪的，依法追究刑事责任。

对违反本规定从事学生实习中介活动或有偿代理的，法律法规规定了法律责任的，由相关部门依法依规追究责任；构成犯罪的，依法追究刑事责任。

第八章 附则

第四十八条 各省、自治区、直辖市和新疆生产建设兵团教育主管部门应当会同人力资源社会保障等有关部门依据本规定，结合本地区实际制定实施细则或相应的管理制度。

第四十九条 非全日制职业教育、高中后中等职业教育学生，以及其他学校按规定开办的职业教育专业的学生实习参照本规定执行。

第五十条 本规定自印发之日起施行，此前发布的教育部及有关部门文件中，有关职业学校学生实习相关内容与此规定不一致的，以此规定为准。《职业学校学生实习管理规定》（教职成〔2016〕3号）同时废止。

盘锦职业技术学院岗位实习实施细则

1. 自主实习的学生按学校规定时间到协议单位岗位实习。

2. 岗位实习单位略有变动的同学必须将新签好的《岗位实习协议书》于开学前一周以挂号信邮寄给各学院，协议书一式四份，实习单位、学生、学院、教务处各一份。

3. 开学前未落实岗位实习单位的学生必须于开学前两天返校，由学校统一安排。由学校集中安排岗位实习的学生于开学之日起由学院考勤。

4. 学生到岗位实习单位后，要求每月中旬向指导教师汇报实习进展情况及工作报告。

5. 学生岗位实习期间食宿费、交通费等各种费用均由学生自己承担。

6. 岗位实习期间学生严格遵守实习单位的生产劳动纪律、安全操作规程，文明礼貌、虚心好学。

7. 岗位实习期间不得中途返校或脱岗，请假须本人申请，学院审批，有关部门签署意见，一式两份，实习单位与学校各一份，否则一律按旷课处理。

8. 学校内岗位实习学生严格遵守学校作息时间及各项规章制度。

9. 学生返校时必须将岗位实习总结报告、岗位实习笔记、岗位实习鉴定等交给指导教师。

10. 学生应认真、详细记录实习期间的情况。指导教师参照岗位实习单位鉴定、岗位实习笔记及掌握情况，评定岗位实习总成绩。

11. 岗位实习成绩不及格的学生，需延缓毕业，并重新进行岗位实习，直至合格方可毕业（一般重新岗位实习的时间为 3 ～ 6 个月）。

12. 岗位实习学生必须参加意外伤害保险，否则不准岗位实习。

盘锦职业技术学院提前岗位实习实施细则

根据“职业教育就是以市场需求和就业为导向的就业教育”的特点，和各用人单位的需要，结合我校教学安排，经学校研究决定：凡已与用人单位签署三方实习协议，并应企业的要求，需提前岗位实习的学生，必须服从学校和用人单位的统一安排，到用人单位进行提前岗位实习。为进一步做好提前岗位实习工作，特制定本实施细则。

1. 凡与用人单位签署三方实习协议，并应企业的要求需提前岗位实习的学生，必须在签署就业协议的学期末，单位提出申请，各学院核实学生协议落实情况，打印提前岗位实习审批表一式两份，并签署意见，到教务处备案，经教务处处长审核，教学副校长审批方可进行提前岗位实习。

2. 凡须进行提前岗位实习的学生，必须按学校与用人单位协商指定的时间到相应的单位报到，学校选派专人送到用人单位安排好学生实习。

3. 学生在用人单位的日常管理由用人单位负责，学生应遵守用人单位的生产劳动纪律、安全操作规程及相关规定，虚心向企业实习指导教师学习，利用岗位实习的机会收集资料，完成实习总结。

4. 学生所在各学院应在本学期学生离校前，向学生布置好理论课的学习要求、学习的范围及考试考查科目。学生应在岗位实习期间利用业余时间自学完相应的理论课程，并及时与任课教师及所在学院联系。

5. 各学院必须安排指导教师对岗位实习学生的实践环节进行指导和成绩考核。

6. 学生到岗位实习单位后，每周向指导教师汇报岗位实习进展情况及工作报告。

7. 学生岗位实习期间食宿费、交通费等各项费用均由学生自己负担。岗位实习期间不得中途返校或脱岗，请假须本人申请，学院审批，用人单位签署意见，一式两份，实习单位与学校各一份，否则一律按旷课处理。

8. 学生应于学校指定的日期进行考试课程复习，并参加学校统一组织的考试（考试成绩按实际成绩计算，且只给一次考试机会，考试时间另行通知）。对于未参加此次考试（无论何种原因）的学生，其课程成绩一律按不及格处理，且不能按时毕业。

9. 学生应认真、详细记录顶岗实习期间的情况。指导教师参照顶岗实习单位鉴定、顶岗实习笔记及掌握情况，评定实习总成绩。

10. 实习成绩不及格的学生，需延缓毕业，并重新进行岗位实习，直至合格方可毕业（一般重新岗位实习的时间为 3 ～ 6 个月）。

第三部分　学校学生管理制度

盘锦职业技术学院学生管理规定

第一章 总则

第一条 为规范学校学生管理行为，维护学校正常的教育教学秩序和生活秩序，保障学生合法权益，培养德、智、体、美等方面全面发展的社会主义建设者和接班人，依据《教育法》《高等教育法》《职业教育法》《普通高等学校学生管理规定（教育部第41号令）》以及有关法律、法规，制定本规定。

第二条 本规定适用于盘锦职业技术学院（以下称学校）全体全日制在藉学生（以下称学生）的管理。

第三条 学校坚持社会主义办学方向，坚持以习近平中新时代中国特色社会主义思想为指导，全面贯彻党的教育方针；坚持以立德树人为根本，以理想信念教育为核心，培育和践行社会主义核心价值观，弘扬中华优秀传统文化和革命文化、社会主义先进文化，培养学生的社会责任感、创新精神和实践能力；坚持依法治校，科学管理，健全和完善管理制度，规范管理行为，将管理与育人相结合，不断提高管理和服务水平。

第四条 学生应当拥护中国共产党领导，努力学习马克思列宁主义、毛泽东思想、邓小平理论、“三个代表”重要思想、科学发展观、习近平新时代中国特色社会主义思想，坚定中国特色社会主义道路自信、理论自信、制度自信、文化自信，树立爱国主义思想，具有团结统一、爱好和平、勤劳勇敢、自强不息的精神；增强法治观念，遵守宪法、法律、法规，遵守公民道德规范，遵守学校管理制度，具有良好的道德品质和行为习惯；刻苦学习，勇于探索，积极实践，努力掌握现代科学文化知识和专业技能；应当积极锻炼身体，增进身心健康，提高个人修养，培养审美情趣。

第五条 实施学生管理，尊重和保护学生的合法权利，教育和引导学生承担应尽的义务与责任，鼓励和支持学生实行自我管理、自我服务、自我教育、自我监督。

第二章 学生的权利与义务

第六条 学生在校期间依法享有下列权利：

（一）参加学校教育教学计划安排的各项活动，使用学校提供的教育教学资源；

（二）参加社会实践、志愿服务、勤工助学、文娱体育及科技文化创新等活动，获得就业创业指导和服务；

（三）申请奖学金、助学金及助学贷款；

（四）在思想品德、学业成绩等方面获得科学、公正评价，完成学校规定学业后获得相应的学历证书；

（五）在校内组织、参加学生团体，以适当方式参与学校管理，对学校与学生权益相关事务享有知情权、参与权、表达权和监督权；

（六）对学校给予的处理或者处分有异议，向学校、教育行政部门提出申诉，对学校、教职员工侵犯其人身权、财产权等合法权益的行为，提出申诉或者依法提起诉讼；

（七）法律、法规及学校章程规定的其他权利。

第七条 学生在校期间依法履行下列义务：

（一）遵守宪法和法律、法规；

（二）遵守学校章程和规章制度；

（三）恪守学术道德，完成规定学业；

（四）按规定缴纳学费及有关费用，履行获得贷学金及助学金的相应义务；

（五）遵守学生行为规范，尊敬师长，养成良好的思想品德和行为习惯；

（六）法律、法规及学校章程规定的其他义务。

第三章 学籍管理

第一节 入学与注册

第八条 按国家招生规定录取的新生，持录取通知书，按学校有关要求和规定的期限到校办理入学手续。因故不能按期入学的，应当向学校请假，请假期限不能超过两周。未请假或者请假逾期的，除因不可抗力等正当事由以外，视为放弃入学资格。

第九条 学校在报到时对新生入学资格进行初步审查，审查合格的办理入学手续，予以注册学籍；审查发现新生的录取通知、考生信息等证明材料，与本人实际情况不符，或者有其他违反国家招生考试规定情形的，取消入学资格。

第十条 新生可以申请保留入学资格。保留入学资格期间不具有学籍。保留入学资格的期限一般不超过两年。

新生保留入学资格期满前应向学校申请入学，经学校审查合格后，办理入学手续。审查不合格的，取消入学资格；逾期不办理入学手续且未有因不可抗力延迟等正当理由的，视为放弃入学资格。

第十一条 学生入学后，学校在3个月内按照国家招生规定进行复查。复查内容主要包括以下方面：

（一）录取手续及程序等是否合乎国家招生规定；

（二）所获得的录取资格是否真实、合乎相关规定；

（三）本人及身份证明与录取通知、考生档案等是否一致；

（四）身心健康状况是否符合报考专业或者专业类别体检要求，能否保证在校正常学习、生活；

（五）艺术、体育等特殊类型录取学生的专业水平是否符合录取要求。

复查中发现学生存在弄虚作假、徇私舞弊等情形的，确定为复查不合格，取消学籍；情节严重的，学校有权移交有关部门调查处理。

复查中发现学生身心状况不适宜在校学习，经学校指定的二级甲等以上医院诊断，需要在家休养的，可以按照第十条的规定保留入学资格。

第十二条 每学期开学时，学生按规定办理注册手续。不能如期注册的，应当履行暂缓注册手续。未按规定缴纳学费或者有其他不符合注册条件的，不予注册。

家庭经济困难的学生可以申请助学贷款或者其他形式资助，办理有关手续后注册。

学校按照国家有关规定为家庭经济困难学生提供教育救助，完善学生资助体系，保证学生不因家庭经济困难而放弃学业。

第二节 考核与成绩记载

第十三条 学生参加学校教育教学计划规定的课程和各种教育教学环节（以下统称课程）的考核，考核成绩记入成绩册，并归入学籍档案。

第十四条 考核分为考试和考查两种。考试方式分为笔试、口试、操作或其中两者、三者的综合评定；考查方式为依据学生平时听课、完成实验、实习、实训、课外作业、课堂讨论、提出问题、思考问题情况及平时各种方式测验成绩等进行的综合评定。

第十五条 成绩的评定可以采用百分制和五级分制两种方式。考试成绩采用百分制，以期末考试成绩为主结合平时成绩评定，平时成绩占该课程成绩的比例一般为20%～30%，特殊情况视课程性质由教学单位与教务处统一研究确定具体比例（一般不超过50%）。考查成绩的评定采用五级分制，即：优、良、中、及格和不及格。考查成绩不允许以一次期末考试代替。

单独设置的实验、实训和实习（含顶岗实习及毕业实习等）均以一门课程进行考核，按五级分制评分。

第十六条 百分制与五级分制的折算关系为：90～100 分折算为“优”；80～89 分折算为“良”；70～79 分折算为“中”；60～69 分折算为“及格”；59 分（含 59 分）以下折算为“不及格”。

第十七条 学生要求核查成绩时，需向所在教学单位提出书面申请，经教学单位负责人、教务处负责人批准后方可核查。核查时，由教务处牵头，任课教师、课程负责人同时在场核查成绩并做好记录，学生本人不得参加核查过程。除评定有误、合分有误、记分有误外，不得更改成绩。

第十八条 学生参加考试，必须首先取得该门课程的考试资格。缺课（含实验、实训、实习等）累计超过该门课程本学期授课学时的四分之一者，取消考试资格，成绩以零分计，并在学生成绩表上注明“禁考”字样。

考试前由任课教师对学生进行考试资格审查，并于考试前将取消考试资格学生名单及原因以书面形式上报教学单位，经教学单位负责人批准后，报教务处备案。

第十九条 考试期间有下述情况之一者，可申请缓考。

（一）因病重不能参加正常考试者；

（二）因事外出不能参加正常考试者。

缓考需学生本人提出申请，所在教学单位负责人同意，教务处审核，方可缓考。后续考试时间由教务处安排。考查课程无缓考。

第二十条 学生期末考核在 40～60 分（含 40 分）的，可参加补考。补考成绩合格的以补考实际分数计入，并在学生成绩表上注明“补考”字样。

第二十一条 学生有下述情况之一者，不得补考，需要重修。

（一）期末考核成绩不足 40 分的；

（二）补考不及格的；

（三）缺考者，该门课程成绩以零分计，并在成绩表上注明“缺考”字样的；

（四）期末考试被批准缓考者，但参加考试不及格的；

（五）被取消期末考试资格的；

（六）考试作弊者，该门课程成绩记零分，并在成绩表上注明“作弊”字样的。

重修由教务处统一安排。重修成绩合格的以重修考试实际分数计入，并在学生成绩表上注明“重修”字样。

第二十二条 学生思想品德的考核、鉴定，以第四条为主要依据，采取个人小结、师生民主评议等形式进行。

学生体育成绩评定要突出过程管理，可以根据考勤、课内教学、课外锻炼活动和体质健康等情况综合评定。

第二十三条 学校每学期期初补考后，不及格科目（含之前学期不及格科目）累计达到四门及以上者，予以降级。不足四科的，可以申请重修。

降级学生在学校下发文件后两周之内到新班级报到，无故不报到者，按自动退学处理。降级学生到达新班级后必须完成新班级的所有教学活动。

降级学生在降级之前所参加教学活动的成绩达到70分或中等及以上；且本学期能够认真参加教学活动，经任课教师考核平时成绩为良好以上的，可申请该门课程免试，并对原考核成绩予以确认。否则，一律参加重新考核和重新评定成绩。

第二十四条 学校鼓励、支持和指导学生参加社会实践、创新创业活动。学生参加创新创业、社会实践等活动以及发表论文、获得专利授权等与专业学习、学业要求相关的经历、成果，可以计入学业成绩。

第二十五条 学生严重违反考核纪律或者作弊的，该课程考核成绩记为无效，并应视其违纪或者作弊情节，给予相应的纪律处分。给予警告、严重警告、记过及留校察看处分的，经教育表现较好，可以对该课程给予补考或者重修机会。

第二十六条 学生因退学等情况终止学业，其在校学习期间所修课程及已获得学分，予以记录。学生重新参加入学考试、符合录取条件，再次入学的，其已获得学分，经学校认定，予以承认。

第二十七条 学生按时参加教育教学计划规定的活动。不能按时参加的，事先请假并获得批准。无故缺席的，根据学校有关规定给予批评教育，情节严重的，给予相应的纪律处分。

第二十八条 学校开展学生诚信教育，以适当方式记录学生学业、学术、品行等方面的诚信信息，建立对失信行为的约束和惩戒机制；对有严重失信行为的，酌情给予相应的纪律处分，对违背学术诚信的，取消其获得学术称号、荣誉等。

第三节 转专业与转学

第二十九条 学生在学习期间对其他专业有兴趣和专长的，可以申请转专业；以特殊招生形式录取的学生，国家有相关规定或者录取前与学校有明确约定的，不得转专业。

学校建立公平、公正的标准和程序，健全公示制度。学校根据社会对人才需求情况的发展变化，适当调整专业的，允许在读学生转到其他相关专业就读。

休学创业或退役后复学的学生，因自身情况需要转专业的，学校优先考虑。

经批准转专业的学生，应按转入专业当年学费标准缴纳学费及其他费用。

第三十条 学生一般应当在被录取学校完成学业。因患病或者有特殊困难、特别需要，无法继续在本校学习或者不适应本校学习要求的，可以申请转学。有下列情形之一，不得转学：

（一）入学未满一学期或者毕业前一年的；

（二）高考成绩低于拟转入相关专业同一生源地相应年份录取成绩的；

（三）由低学历层次转为高学历层次的；

（四）以定向就业招生录取的；

（五）无正当转学理由的。

第三十一条 学生转学由学生本人提出申请，说明理由，经学校和拟转入学校同意，由转入学校负责审核转学条件及相关证明，认为符合本校培养要求且学校有培养能力的，经学校校长办公会或者专题会议研究决定，可以转入。

跨省转学的，由转出地省级教育行政部门商转入地省级教育行政部门，按转学条件确认后办理转学手续。须转户口的由转入地省级教育行政部门将有关文件抄送转入学校所在地的公安机关。具体办法见《盘锦职业技术学院转学实施办法》。

第三十二条 学校按照国家有关规定，建立健全学生转学的具体办法；对转学情况及时进行公示，并在转学完成后 3 个月内，由转入学校报所在地省级教育行政部门备案。

第四节 休学与复学

第三十三条 学生可以分阶段完成学业。除另有规定外，应当在最长学习年限（含休学和保留学籍）五年内完成学业。

学生申请休学或者学校认为应当休学的，经学校批准，可以休学。学生在校期间每次休学期限为 1 年，休学次数不得超过 3 次。学期中开始休学者，该学期按休学计。

对休学创业的学生在校期间每次休学期限为 2 年，休学次数不得超过 3 次。

第三十四条 学校根据情况建立并实行灵活的学习制度。对休学创业的学生，可在七年内完成学业。

第三十五条 新生和在校学生应征参加中国人民解放军（含中国人民武装警察部队），学校保留其入学资格或者学籍至退役后 2 年。

学生参加学校组织的跨校联合培养项目，在联合培养学校学习期间，学校同时为其保留学籍。

学生保留学籍期间，与其实际所在的部队、学校等组织建立管理关系。

第三十六条 休学学生办理手续离校。学生休学期间，学校为其保留学籍，但不享受在校学习学生待遇。因病休学学生的医疗费按国家及当地的有关规定处理。

休学学生患病，参加保险学生，其医疗费按保险条款进行理赔，未参加保险学生费用自理，学校不对学生在休学期间发生的事故负责。

第三十七条 学生休学期满前应当15日内提出复学申请，经学校复查合格，方可复学。

第五节 退学

第三十八条 学生有下列情形之一，学校可予退学处理：

（一）累计两次符合降级的或者在学校规定的5年学习年限内未完成学业的；

（二）休学、保留学籍期满，在学校规定期限15日内未提出复学申请或者申请复学经复查不合格的；

（三）根据学校指定医院诊断，患有疾病或者意外伤残不能继续在校学习的；

（四）未经批准连续两周未参加规定的教学活动的；

（五）超过学校规定期限未注册而又未履行暂缓注册手续的；

（六）学校规定的不能完成学业、应予退学的其他情形。

学生本人申请退学的，经学校审核同意后，办理退学手续。

第三十九条 退学学生，在一周内办理退学手续离校。退学学生的档案退回其家庭所在地，户口按照国家相关规定迁回原户籍地或者家庭户籍所在地。

第六节 毕业与结业

第四十条 学生在学校规定学习年限内，修完教育教学计划规定内容，成绩合格，达到毕业要求的，准予毕业，并在学生离校前发给毕业证书。

第四十一条 学生在学校规定的学习年限内，修完教育教学计划规定内容，但未达到毕业要求的，学校可以准予结业，发给结业证书。

结业后可以在规定时间内补考、重修。合格后颁发的毕业证书，毕业时间按发证日期填写。

对退学学生，学校发给肄业证书或者写实性学习证明。

第七节 学业证书管理

第四十二条 学校严格按照招生时确定的办学类型和学习形式，以及学生招生录取时填报的个人信息，填写、颁发学历证书、学位证书及其他学业证书。

学生在校期间变更姓名、出生日期等证书需填写的个人信息的，需有合理、充分的理由，并提供有法定效力的相应证明文件。学校进行审查，需要学生生源地省级教育行政部门及有关部门协助核查的，有关部门应予以配合。

第四十三条 学校执行高等教育学籍学历电子注册管理制度，完善学籍学历信息管理办法，及时完成学生学籍学历电子注册。

第四十四条 对违反国家招生规定取得入学资格或者学籍的，学校有权取消其学籍，不发给学历证书；已发的学历证书，学校依法予以撤销。对以作弊、剽窃、抄袭等学术不端行为或者其他不正当手段获得学历证书的，学校依法予以撤销。

被撤销的学历证书已注册的，学校予以注销并报教育行政部门宣布无效。

第四十五条 学历证书遗失或者损坏，经本人申请，学校核实后可以出具相应的证明书。证明书与原证书具有相同效力。

第四章 校园秩序与课外活动

第四十六条 学校与学生共同维护校园正常教育教学秩序，保障学校环境安全、稳定，保障学生的正常学习和生活。

第四十七条 学校支持和保障学生依法、依规、依《盘锦职业技术学院章程》参与学校管理。

第四十八条 学生在校期间自觉遵守公民道德规范，自觉遵守学校管理制度，依照《盘锦职业技术学院学生文明行为规范》和《盘锦职业技术学院大学生文明公约》，着重开展学生诚信教育，以学生综合素养提升活动为载体加强学生诚信教育工作。创造和维护文明、整洁、优美、安全的学习和生活环境，树立安全风险防范和自我保护意识，保障自身合法权益。

第四十九条 学生在校期间不得酗酒、打架斗殴、赌博、吸毒，不得有传播、复制、贩卖非法书刊和音像制品等违法行为；不得参与非法传销和进行邪教、封建迷信活动；不得从事或者参与有损大学生形象、有悖社会公序良俗的活动。否则，将按照国家法律法规和学校有关规定处理。

学生在校内有违法行为或者严重精神疾病可能对他人造成伤害的，可以依法采取或者协助有关部门采取必要措施。

第五十条 学校坚持教育与宗教相分离原则。任何组织和个人不得在学校进行宗教活动。

第五十一条 学校建立健全学生代表大会制度，每年 12 月进行学生干部改选，严格执行学生代表大会制度，为学生会开展活动提供必要条件，支持其在学生管理中发挥作用。

学生成立活动团体，严格依据《盘锦职业技术学院学生社团管理条例》规定提出书面申请，报学校批准并施行登记和年检制度。学生团体在宪法、法律、法规和学校管理制度范围内活动，接受学校的领导和管理。学生团体邀请校外组织、人员到校举办讲座等活动，需经学校批准。

第五十二条 学校提倡并支持学生及学生团体开展有益于身心健康、成长成才的学术、科技、艺术、文娱、体育等活动。学生进行课外活动时，不得影响学校正常的教育教学秩序和生活秩序。

学生参加勤工助学活动严格遵守法律、法规以及学校、用工单位的管理制度，严格依据《盘锦职业技术学院勤工助学管理条例》履行勤工助学活动的有关协议。

第五十三条 学生举行大型集会、游行、示威等活动，必须获得学校批准。对未获批准的，将对组织者依法劝阻或者制止。

第五十四条 学生严格遵守国家和学校关于网络使用的有关规定，不得登录非法网站和传播非法文字、音频、视频资料等，不得编造或者传播虚假、有害信息；不得攻击、侵入他人计算机和移动通信网络系统。否则，将按照国家法律法规和学校有关规定处理。

第五十五条 学校建立健全学生住宿管理制度。学生严格遵守关于学生住宿管理的各项规定。

第五章 奖励与处分

第五十六条 学校对在德、智、体、美、劳、科技创造、技能体育竞赛、文艺活动、志愿服务及社会实践等方面表现突出的学生，将给予表彰和奖励。

第五十七条 对学生的表彰和奖励可以采取授予“三好学生”“优秀学生干部”“优秀团干部”“优秀团员”“优秀毕业生”等称号或者其他荣誉称号、颁发奖学金等多种形式，并给予相应的精神鼓励或者物质奖励。

学校对学生予以表彰和奖励，以及推荐各类赋予学生利益的行为，实行公开、公平、公正的程序和规定，严格执行相应的推选、公示等制度。

第五十八条 学生在校期间，对违反法律法规、本规定以及学校纪律行为的学生，学校将给予批评教育，并可视情节轻重，给予如下纪律处分：

（一）警告；

（二）严重警告；

（三）记过；

（四）留校察看；

（五）开除学籍。

第五十九条 学生有下列情形之一，学校给予开除学籍处分：

（一）违反宪法，破坏安定团结、扰乱社会秩序的；

（二）触犯国家法律，构成刑事犯罪的；

（三）受到治安管理处罚，情节严重、性质恶劣的；

（四）代替他人或者让他人代替自己参加考试、组织作弊、使用通信设备或其他器材作弊、向他人出售考试试题或答案牟取利益，以及其他严重作弊或扰乱考试秩序行为的；

（五）公开发表的研究成果存在抄袭、篡改、伪造等学术不端行为，情节严重的，或者代写论文、买卖论文的；

（六）违反本规定，严重影响教育教学秩序、生活秩序以及公共场所管理秩序的；

（七）侵害其他个人、组织合法权益，造成严重后果的；

（八）屡次违反规定受到纪律处分，经教育不改的。

第六十条 学校对学生作出处分，严格按照《盘锦职业技术学院学生违纪处理规定》执行，并出具处分决定书。处分决定书内容如下：

（一）学生的基本信息；

（二）作出处分的事实和证据；

（三）处分的种类、依据、期限；

（四）申诉的途径和期限；

（五）其他必要内容。

第六十一条 学校给予学生处分，坚持教育与惩戒相结合，与学生违法、违纪行为的性质和过错的严重程度相适应。学校对学生的处分，做到证据充分、依据明确、定性准确、程序正当、处分适当。

第六十二条 在对学生作出处分或者其他不利决定之前，学校告知学生作出决定的事实、理由及依据，并告知学生享有陈述和申辩的权利，听取学生的陈述和申辩。

处理、处分决定以及处分告知书等，直接送达学生本人，学生拒绝签收的，以留置方式送达；已离校的，采取邮寄或网络发送方式送达；难以联系的，利用学校网站、新闻媒体等以公告方式送达。

第六十三条 对学生作出取消入学资格、取消学籍、退学、开除学籍或者其他涉及学生重大利益的处理或者处分决定的，由校长办公会或者校长授权的专门会议研究决定，并在事先进行合法性审查。

第六十四条 除开除学籍处分以外，给予学生处分设置 6 到 12 个月期限。对留校察看以下处分，到期自动解除处分；留校察看处分，需本人提出解除申请，经学院审核后报学校审批；在处分期间再次出现违纪行为，将加重处分。解除处分后，学生获得表彰、奖励及其他权益，不再受原处分的影响。

第六十五条 对学生的奖励、处理、处分及解除处分材料，真实完整地归入学校文书档案和本人档案。

被开除学籍的学生，由学校发给学习证明。学生按学校规定期限离校，档案由学校退回其家庭所在地，户口按照国家相关规定迁回原户籍地或者家庭户籍所在地。

第六章 学生申诉

第六十六条 学校成立学生申诉处理委员会，负责受理学生对处理或者处分决定不服提起的申诉。

学生申诉处理委员会由学校主管学生工作校领导为主任，学生工作处、团委、教务处、招生与就业处等部门负责人为副主任。学生工作处、教务处、招生与就业处，所在部门学工副书记、教学副院长、教师与辅导员代表（各 1 人）、学生代表（1 人）及学校纪检监察处代表（1 人）、法律顾问（1 人）等为成员组成；根据学生申诉内容形成相关人员的调查组，负责受理学生对处理或者处分决定不服提起的申诉。

学校制定学生申诉的具体办法，健全学生申诉处理委员会的组成与工作规则，提供必要条件，保证其能够客观、公正地履行职责。

第六十七条 学生对处理或者处分决定有异议的，可以在接到学校处理或者处分决定书之日起 10 日内，向学校学生申诉处理委员会提出书面申诉。

第六十八条 学生申诉处理委员会对学生提出的申诉进行复查，并在接到书面申诉之日起 15 日内，作出复查结论并告知申诉人。需要改变原处分决定的，由学生申诉处理委员会提交学校负责人批准，可延长 15 日再重新研究决定。学生申诉处理委员会认为必要的，可以建议学校暂缓执行有关决定。

学生申诉处理委员会经复查，认为做出处理或者处分的事实、依据、程序等存在不当，可以作出建议撤销或变更的复查意见，要求相关职能部门予以研究，重新提交校长办公会或者专门会议作出决定。

第六十九条 学生对复查决定有异议的，在接到学校复查决定书之日起 15 日内，可以向学校再次提出书面申诉或向上级有关主管部门提出书面申诉。

上级有关主管部门在接到学生书面申诉之日起 30 日内，对申诉人的问题给予处理并作出决定。

第七十条 自处理、处分或者复查决定书送达之日起，学生在申诉期内未提出申诉的视为放弃申诉，学校市教育局、辽宁省教育厅不再受理其提出的申诉。

处理、处分或者复查决定书未告知学生申诉期限的，申诉期限自学生知道或者应当知道处理或者处分决定之日起计算，但最长不得超过 6 个月。

第七十一条 教育主管部门在实施监督或者处理申诉、投诉过程中或学生发现学校及其工作人员有违反法律、法规及本规定的行为或者未按照本规定履行相应义务的，或者学校制定的相关管理制度、规定，侵害学生合法权益的，或者学校制定的规章制度与法律法规和本规定抵触的，应当责令改正。

发现存在违法违纪的，应当及时进行调查处理或者移送有关部门，依据有关法律和相关规定，追究有关责任人的责任。

第七章　附则

第七十二条　本规定自2024年9月1日起施行。原《盘锦职业技术学院学生管理规定》同时废止。其他有关文件规定与本规定不一致的，以本规定为准。

盘锦职业技术学院学生违纪处分办法

第一章 总则

第一条 为维护学校正常的教育教学秩序和生活秩序，保障学生的合法权益，根据《普通高等学校学生管理规定》（教育部令第 41 号）以及其他有关规定，结合我校实际情况，制定本办法。

第二条 本办法适用于在我校全体全日制在藉学生。

第三条 对学生进行违纪处分，应当坚持教育与惩戒相结合，与学生违法、违纪行为的性质和过错的严重程度相适应，应当做到证据充分、依据明确、定性准确、程序正当、处分适当。

第二章 处分的种类和运用

第四条 对有违反法律、法规，违反《普通高等学校学生管理规定》（教育部令第 41 号），违反学校章程和规章制度的学生，学校应当给予批评教育，并可视情节轻重，给予如下纪律处分：

（一）警告；

（二）严重警告；

（三）记过；

（四）留校察看；

（五）开除学籍。

第五条 纪律处分的期限：

（一）警告的处分期为六个月；

（二）严重警告的处分期为八个月；

（三）记过的处分期为十个月；

（四）留校察看的察看期为十二个月，察看期同时为处分期。

处分期间因故休学或保留学籍的，休学或保留学籍的时间不计入处分期。

毕业班学生受到留校察看处分的，察看期不得少于 6 个月。处分期限从处分决定书送达之日始计算。

第六条 受处分者在处分期限内取消其获得表彰、奖励及其他权益的资格。

第七条 学生受到留校察看处分，未解除的不予毕业；在察看期间再发生违纪行为的，给予开除学籍处分。

第八条 被开除学籍的学生，学校发给学习证明。学生应当在学校送达处分决定书后 3 个工作日内办理完相关手续离校。档案由学校退回其家庭所在地，户口应当按照国家相关规定迁回原户籍地或者家庭户籍所在地。

第九条 学生违纪有下列情形之一，视情况可从轻、减轻或免予处分：

（一）主动消除或者减轻违纪后果的影响，并取得被侵害人谅解的；

（二）主动承认错误，如实说明错误事实，检查认识深刻，有悔改表现的；

（三）积极配合有关部门调查、核实情况或者提供重要证据、线索，主动揭发他人违纪行为并经查证属实，有立功表现的；

（四）确系他人胁迫或诱骗，并能主动举报，认错态度好的；

（五）过失且未造成严重后果的；

（六）其他可以从轻、减轻或免予处分的情形。

第十条 违纪学生有下列情形之一者，应从重处分：

（一）造成严重后果或者恶劣影响的；

（二）编造、掩盖、隐瞒违纪事实；

（三）对调查人、检举人、证人、鉴定人、参与作出处分决定者或者其他相关人员进行诬陷、诱惑、威胁、打击报复，编造、伪造或变造证据，指使、贿买他人作伪证或以其他不正当手段干扰调查处理的；

（四）结伙或共同实施的违法违纪事件的组织者、策划者、为首者及主要参与者，或教唆、煽动、胁迫、利诱、欺骗他人违纪的；

（五）同时有两种以上违纪行为，或在处分期内再次违纪；

（六）因违纪行为对他人人身或财产造成损害，应予赔偿而拒不赔偿或拒绝、拖欠退赃的；

（七）互相串供，隐瞒真相的；

（八）勾结校外人员来校进行违法违纪活动的；

（九）其他应予从重处分的情形。

第十一条 学生的处理、处分、解除处分及申诉复查结论将真实完整地归入学校文书档案及本人档案。

第三章　违纪行为和处分

第一节　扰乱社会稳定和社会秩序的行为

第十二条 违反宪法，破坏安定团结、扰乱社会秩序者，给予开除学籍处分。

第十三条 对违反刑法、治安管理处罚法等法律法规者，给予下列纪律处分：

（一）被认定构成刑事犯罪且被给予刑事处罚者，给予开除学籍处分；但因防卫过当、紧急避险超过必要限度而构成刑事犯罪，且被判处管制、拘役、有期徒刑缓期执行或者免于刑事处罚的，根据实际情况和现实表现给予留校察看以下处分；

（二）依照治安管理处罚法等法律法规的规定，受到治安管理处罚警告或罚款且屡教不改者给予严重警告处分；被公安机关处以拘留者，视情节给予留校察看及以上处分，情节较重的、性质恶劣的，给予开除学籍处分；

（三）公安机关或司法机关认定其行为违反法律、法规但免予处罚的，给予警告或严重警告处分。

第十四条 有扰乱社会秩序行为者，按下列情形分别给予如下处分：

（一）参与非法集会、游行、示威等活动，不听劝阻的，给予严重警告及以上处分；其组织、策划、指挥者，给予留校察看或者开除学籍处分；

（二）未经批准，涂写、拉挂、张贴、投递、散发宣传品或者印刷品，散布、传播虚假信息或有害信息扰乱公共秩序的，给予警告、严重警告或记过处分；造成严重后果或恶劣影响的，给予留校察看或者开除学籍处分；

（三）组织、成立、加入非法社会团体或组织，从事非法活动的，给予记过处分；以合法学生社团的名义从事非法活动，或有其他违反学校学生社团管理规定并造成严重后果的行为，给予记过处分，情节严重的，给予留校察看以上处分；

（四）参与非法传销、进行邪教、封建迷信活动的，给予严重警告、记过或留校察看处分；组织、教唆、胁迫、诱骗、煽动他人的，给予留校察看或开除学籍处分；

（五）在学校举行宗教活动、发展教徒的，给予记过处分；情节严重的，给予留校察看处分；参与者，给予严重警告以上处分；在校园穿戴宗教服饰、佩戴宗教标志的，经教育不改者，给予警告以上处分；

（六）扰乱教学楼、宿舍楼、体育场地、饭堂、图书馆、办公楼等公共场所秩序的，给予警告、严重警告或者记过处分；引发他人、校园安全风险或造成恶劣影响的，给予留校察看或者开除学籍处分；

（七）煽动、组织聚众滋事，影响、扰乱学校线上线下教学、科研、考务、管理和生活秩序的，给予记过及以上处分。

第十五条 有悖社会公序良俗、违反大学生行为准则、有损大学生形象等行为者，按下列情形分别给予处分：

（一）传播、散布不健康或有害于团结的言论，或造谣、诬陷、侮辱、谩骂、威胁他人者，干扰他人正常生活的，给予警告或严重警告处分；造成不良后果者，给予留校察看以上处分；

（二）恶意拨打特种紧急电话及学校应急值班电话者，给予警告以上处分；

（三）在校园内从事未经批准的经商活动，观看、传播、复制、贩卖非法书刊和音像制品的，视其情节轻重，给予记过及以上处分。违法、被依法追究刑事责任者，给予开除学籍处分；

（四）有陪酒、陪舞等不良行为者给予记过以上处分；接受或者提供色情服务者，给予留校察看以上处分；

（五）卖淫、嫖娼或引诱、容留、介绍他人卖淫的，给予开除学籍处分，并按有关法律规定处理；

（六）吸食、注射毒品，为吸毒者通风报信，非法持有毒品、非法种植毒品原植物，容留他人吸食、注射毒品或者介绍买卖毒品，引诱、教唆、欺骗他人吸食、注射毒品的，给予开除学籍处分，并按有关法律规定处理；

（七）与他人保持不正当男女关系或者以恋爱为名玩弄他人的，给予严重警告直至留校察看处分；造成严重后果或恶劣影响的，给予开除学籍处分；

（八）有其他有悖社会公序良俗、违反大学生行为准则、有损大学生形象的，给予警告及以上处分;造成严重后果或恶劣影响的，给予留校察看或开除学籍处分。

第二节　违反学习、科研及考试纪律的行为

第十六条　违反学习纪律者，视其情节给予以下处分：

（一）不按时参加教育教学计划规定的活动，且未按规定事先请假并获得批准的，以旷课论处：

1. 旷课 10 学时以内或者擅自离校 2 天以内者给予警告处分；

2. 旷课 20 学时以内或者擅自离校 4 天以内者给予严重警告处分；

3. 旷课 30 学时以内或者擅自离校 6 天以内者给予记过处分；

4. 旷课 40 学时以内或者擅自离校 8 天以内者给予留校察看处分；

5. 旷课 40 学时以上或者擅自离校两周以上者予以退学处理。

旷课时间，一般课程（含晚自习）按课表规定的上课时间计算；上课迟到或早退，20 分钟以上的按旷课 1 学时论；迟到或早退 20 分钟以内的，三次按旷课 1 学时计算；早操锻炼缺勤一次按旷课 1 学时计算。

（二）违反课堂纪律、干扰教师正常上课者给予警告以上处分。

第十七条　考试违纪、作弊者，该课程考核成绩记 0 分，并视违纪情节给予警告及以上处分。

（一）有下列情形之一，给予警告处分：

1. 监考人员要求出示有效证件而拒绝出示的；

2. 携带规定以外的物品进入考场或者未放在指定位置的。规定以外的物品包括书籍、资料、笔记本等有文字信息的纸质材料以及有储存或者传递信息功能

的电子设备；

3. 未在规定的座位参加考试的；

4. 考试开始信号发出前答题或者考试结束信号发出后继续答题的；

5. 其他不遵守考场纪律，但尚未构成应给予严重警告处分的考试违纪行为。

（二）有下列情形之一，给予严重警告处分：

1. 在考试过程中旁窥、交头接耳、互打暗号或者手势的；

2. 在考场或者考试禁止的范围内，喧哗、吸烟或者实施其他影响考场秩序的行为的；

3. 未经考试工作人员同意在考试过程中擅自离开考场的；

4. 将试卷、答卷（含答题卡、答题纸等，下同）、草稿纸等考试用纸带出考场的；

5. 用规定以外的笔或者纸答题或者在试卷规定以外的地方书写姓名、考号或者以其他方式在答卷上标记信息的；

6. 未经考试工作人员同意，互相借用文具或其他物品的；

7. 不服从监考人员监督管理的；

8. 其他违反考场规则但尚未构成作弊的行为。

（三）有下列情形之一，给予记过处分：

1. 携带与考试内容相关的材料或者存储有与考试内容相关资料的电子设备参加考试的；

2. 抄袭或者协助他人抄袭试题答案或者与考试内容相关的资料的；

3. 携带具有发送或者接收信息功能的设备的；

4. 故意销毁试卷、答卷或者考试材料的；

5. 在答卷上填写与本人身份不符的姓名、考号等信息的；

6. 传、接物品或者交换试卷、答卷、草稿纸的；

7. 考生违纪后，经监考人员警告纠正无效而再次违纪的；

8. 将与考试内容相关的资料放在考生所在座位周边（含桌椅、地面等），或者写在身体任意部位，或者写在穿戴衣物上的；

9. 评卷过程中被认定为答案雷同，经调查被判定为抄袭的；

10. 通过监控录像认定为作弊行为的；

11. 其他认定为作弊行为的。

（四）有下列行为之一的，终止其继续考试，给予留校察看处分：

1. 抢夺、窃取他人试卷、答卷或者胁迫他人为自己抄袭提供方便的；

2. 携带通信工具或者其他电子设备，在考试过程中使用（包括但不限于存储、发送、接收以及上网搜索与考试内容有关材料）或拒绝监考人员检查设备使用情况的；考试结束前在考场外使用给他人发送试题、答案或者与考试内容有关的材料；

3. 通过伪造证件、证明、档案及其他材料获得考试资格、加分资格和考试成绩的；

4. 存在集体作弊行为，影响恶劣的；

5. 故意扰乱考点、考场、评卷场所等考试工作场所秩序；

6. 拒绝、妨碍考试工作人员履行管理职责；

7. 威胁、侮辱、诽谤、诬陷或者以其他方式侵害考试工作人员、其他考生合法权益的行为；

8. 故意损坏考场设施设备；

9. 串通考试工作人员协助实施作弊行为的；

10. 其他扰乱考试管理秩序的行为。

（五）有下列情形之一，给予开除学籍处分：

1. 代替考生或者由他人代替参加考试者，是本校学生的，给予开除学籍处分。外校学生或者其他人员参与代考的，学校将代替考试情况书面通知其所在学校或者工作单位，按有关规定严肃处理；

2. 组织作弊、使用通信设备或其他器材作弊、向他人出售考试试题或答案牟取利益，以及有其他严重作弊或扰乱考试秩序行为的。

（六）在国家、省（市）级的考试中作弊的，根据学生的具体情况，依据上述条款处理。

（七）学生在考试中存在违规行为，被发现后应听从工作人员的裁定。对不服从监考、取闹考场者加重处分。

第十八条 存在以下违反诚信原则、弄虚作假行为者，按下列情形给予相应处分：

（一）在课程学习中，代替他人上课或者请他人代替自己上课，经教育拒不改正的，给予警告处分；情节恶劣的，给予严重警告及以上处分；

（二）在课程学习中，代替他人完成课程任务（作业）或者请他人代为完成课程任务（作业），或抄袭他人成果的，经教育拒不改正的，给予警告或严重警告处分；情节恶劣的，给予记过或留校察看处分；

（三）在体质测试、心理健康状况测试等测试项目中，弄虚作假的，给予严重警告或记过处分；

（四）在各类评奖评优，干部竞选，党、团员发展，择业就业，家庭困难认定等过程中，违反诚信原则，提供虚假材料的，除追回荣誉、资金外，给予记过处分；造成严重后果或恶劣影响的，给予留校察看处分；

（五）有编造、伪造或变造、转借、冒领、转让各种票证、成绩或证明文件，伪造他人签名，假传他人信息等弄虚作假行为的，给予严重警告以上处分；造成严重后果或恶劣影响的，给予留校察看处分；

（六）有其他违反诚信原则、弄虚作假行为的，给予警告、严重警告或记过处分；造成严重后果或恶劣影响的，给予留校察看或者开除学籍处分。

第十九条 存在以下学术不端行为者，按下列情形给予相应处分：

（一）公开发表的研究成果存在抄袭、剽窃、伪造等学术不端行为，视情节给予记过及以上处分；

（二）将他人的或者自己只作为成员之一的集体科研成果、实验数据、研究报告等以自己个人名义公开发表的，给予记过或留校察看处分；造成严重后果或恶劣影响的，给予开除学籍处分；

（三）有其他学术不端行为的，视情节给予记过及以上处分。

第三节 侵犯人身权利和公私财产的行为

第二十条 寻衅滋事或打架者，视其情节轻重给予不同处分，造成严重后果，触犯国家法律，依法追究刑事责任者，给予开除学籍处分。

（一）故意提供伪证，妨碍调查处理工作正常进行者，给予严重警告及以上处分；

（二）用言辞或其他方式挑起事端或激化矛盾，虽本人未动手打人，但造成他人打架后果的，给予严重警告处分；动手打人但未造成伤害的，给予记过处分；致他人轻微伤者，给予留校察看处分；致人轻伤及以上者，给予开除学籍处分；

（三）参与斗殴但未造成伤害者，给予严重警告处分；致人轻微伤者，给予记过及以上处分；致人轻伤及以上者，视情节轻重，给予留校察看或开除学籍处分；

（四）围观叫好或以劝架为名，偏袒一方，致使事态扩大，视情节轻重，给予严重警告及以上处分；

（五）策划、教唆、怂恿他人打架斗殴，未造成打架斗殴后果的，给予严重警告以上处分；造成打架斗殴后果者，视其情节，给予记过以上处分；

（六）故意为他人打架斗殴提供器械，未造成打架后果者，给予严重警告处分；造成打架后果但未造成伤害者，给予记过处分；造成伤害者，给予留校察看及以上处分；

（七）造成结伙斗殴者或结伙斗殴为首者，给予留校察看以上处分；

（八）有本条所列行为之一者，加重一级处分：涉及校园霸凌情节的；打架双方先动手的；聚众打架的；打架现场带头起哄、摔物品等助长打架事态升级，或纠纷已平息，当事者一方或第三方再度挑起事端的；纠集校外人员打架斗殴的；参与二次以上斗殴、打架者；持械斗殴者；报复或策动他人报复斗殴者；对被打人、证人进行威胁、报复者；

（九）因打架斗殴导致人身伤害或财产损失者，除受到相应纪律处分外，还应向受害者赔偿经济损失；情节严重的，移交司法机关处理。

第二十一条 偷窃、勒索、敲诈、诈骗、哄抢、抢夺、冒领等非法手段侵占公私财物者，除追回赃款、赃物或令其赔偿损失外，视其情节轻重给予警告至留校察看处分，造成严重损失，触犯国家法律，依法追究刑事责任者，给予开除学籍处分。

（一）偷窃、诈骗、诱骗、哄抢、抢夺、冒领等侵占未遂者，给予警告处分；

（二）作案价值在500元以下（含500元）者，给予严重警告处分；

（三）作案价值在500元以上至1000元者，给予记过处分；

（四）作案价值在1000元以上者，给予留校察看以上处分；

（五）对敲诈、勒索、暴力抢夺他人财物者，给予留校察看以上处分；

（六）造成严重损失和危害，或二次以上作案者，加重处分；

（七）知情不报或作伪证者，给予记过处分；

（八）帮助窝赃者，给予留校察看以上处分；

（九）偷窃印章、重要公文、档案等物品者，视其情节给予记过以上处分。

第二十二条 损坏公私财物者，给予以下处分：

（一）过失损坏公私财物者，视情节和后果给予通报批评或警告以上处分；

（二）故意损坏公私财物，价值在100元以上者，给予警告以上处分；

（三）故意污损、破坏学校公用设施、花草树木或故意撕毁、损坏学校有效期内布告和各种标志，给予警告以上处分；

（四）故意破坏公物，致使学校教学、工作、生活秩序受到影响者，给予记过以上处分。

第二十三条 侵害他人人身权利，视行为性质和情节，给予以下处分：

（一）盗用、冒用他人名义和身份（包括他人生物信息、IP地址或者邮箱地址），造成危害后果的，视情节轻重，给予严重警告以上处分；

（二）非法扣留、隐匿、毁弃、冒领或私自拆开他人邮件者，视情节轻重，给予警告以上处分；

（三）偷窥、偷拍、窃听、散布或以其他方式侵犯他人隐私，视情节轻重，给予记过及以上处分；

（四）侮辱他人、威胁他人人身安全，捏造事实诽谤、诬告、陷害他人的，给予记过及以上处分;造成严重后果或恶劣影响的，给予留校察看或开除学籍处分。

（五）故意伤害、陷害、恐吓、骚扰、报复、胁迫、诱骗、设计圈套等行为或者用其他方法威胁他人安全或者干扰他人正常学习、生活的，视情节给予记过、留校察看或者开除学籍处分；构成违法、犯罪行为的，按有关法律规定处理，并给予开除学籍处分；

（六）未经当事人允许或授权，通过各类途径公开、传播与其相关的言论或影音、图文、资料、记录等，侵犯了他人的合法权益或侵犯他人隐私权的行为，视情节给予严重警告直至开除学籍处分。

第二十四条 凡辱骂教职工或干扰、影响工作人员工作者，结合认错态度，给予严重警告及以上处分；对威胁、殴打教职工或学生干部者，给予留校察看或开除学籍处分。

第四节 扰乱学校管理和教学秩序的行为

第二十五条 扰乱学校正常的教学、生活秩序或公共秩序者，给予以下处分：

（一）在校园内存有酒类的，除没收酒品及其酒具外，视情节给予警告及以上处分；饮酒或在校外饮酒后回校园，视情节轻重，酌情给予严重警告或记过处分；饮酒后寻衅滋事，未造成后果的，视情节给予记过及以上处分；饮酒后有其他违纪行为应受纪律处分的，产生不良影响和后果的，按相应条款加重一级处分，视情节给予留校察看或开除学籍处分；

（二）学生在校禁止吸烟，发现者给予通报批评；在校园内存放大量香烟的，除没收烟具外，视情节轻重给予严重警告或记过处分；在公共场合吸烟者给予警告处分，经教育不改正且继续吸烟的，视情节给予严重警告及以上处分；

（三）非法持有、携带或存放管制刀具（或器械）进入校园，经检查发现，第一次没收器具予以警告处分，经教育不改者，给予记过以上处分。严重者按照国家法律规定执行；

（四）在参加各类大型活动中，不听从指挥，造成混乱、拥挤或者有其他影响安全的行为，经劝阻仍不改正的，视情节给予警告、严重警告或记过处分；故意制造混乱或挑起事端的，视情节给予记过及以上处分；

（五）因学习成绩、毕业就业、评奖评优、处分等原因寻衅滋事的，视情节给予严重警告以上处分；

（六）阻挠、拒绝学校管理人员或学生纪律检查人员依学校的规定实施管理行为的，给予严重警告处分；情节严重的，给予记过以上处分；

（七）违反国家或学校规定，影响学校教育教学秩序、生活秩序以及公共场所管理秩序的，给予严重警告以上处分；情节严重者，给予开除学籍处分。

第二十六条 违反学校教室管理规定的，视其情节，给予以下处理或处分：

（一）未经允许擅自使用教室进行非正常教学活动，经批评教育不改者，给予警告以上处分；

（二）在教室内抽烟、乱扔垃圾、破坏环境卫生，或使用教室后不进行清理、不还原教室原摆设，经批评教育不改者，给予警告以上处分；

（三）擅自改变教室设施，导致设施损坏的，视情节轻重给予警告以上处分；

（四）未经授权擅自使用投影仪、电脑等电器设备，经批评教育不改者，视情节和后果给予警告以上处分；

（五）在教室、教学楼公共空间自习区故意占座的，给予全校通报批评；经批评教育不改者，给予警告处分；

（六）其他违反教学楼、教室管理规定，造成不良影响或严重后果的，视情节和后果给予警告以上处分。

第二十七条 违反学校学生公寓管理规定的，视其情节，给予以下处理或处分：

（一）私自调换、占用学生宿舍床位，经批评教育不改的，给予警告以上处分；私自出借、出租床位的，给予警告以上处分，涉及牟利的从重处理；

（二）私自更换门锁或将钥匙转借他人者，给予警告处分；

（三）在宿舍区饲养宠物，携带管制刀具及危险物品，焚烧物品，向外抛掷物品，给予警告以上处分；

（四）两次无正当理由晚间不按时回公寓者，给予警告处分；未经请假夜不归宿者，视情节给予严重警告以上处分；

（五）私自留宿非本宿舍成员，经批评教育不改的，给予警告处分；因留宿非本宿舍成员或让其进入宿舍而造成不良影响或严重后果的，给予严重警告以上处分；留宿或容留异性的，给予留校察看以上处分；

（六）寒、暑假期间不听从学校住宿安排，视其情节给予警告以上处分；

（七）在学习、休息时间实施影响他人学习、休息的行为且态度恶劣、屡劝不改者，给予警告以上处分；

（八）有其他违反学生宿舍管理规定，造成不良影响或严重后果的，视情节轻重给予警告以上处分。

第二十八条 对违反国家和学校关于网络使用的有关规定者，视其情节轻重给予以下处分：

（一）妨害网络正常运行秩序者，给予严重警告以上处分：

1. 盗用 IP 地址，使用非法手段查看他人个人信息者；

2. 入侵系统，攻击政府、社会团体、企事业单位等网站者；

3. 恶意传播系统漏洞知识，教唆他人攻击、入侵网站系统者。

（二）下列行为给予记过以上处分：

1. 散布淫秽、色情、赌博、暴力、凶杀、恐怖内容或教唆他人实施上述行为者；

2. 进行人身攻击，中伤他人，损害他人声誉者；

3. 制作、复制、发布、传播法律、法规禁止的其他内容者；

4. 盗用他人名义在网上发布信息，造成严重后果者。

（三）利用网络制作、复制、发布、传播有害信息，造成严重后果者，给予开除学籍处分，直至追究法律责任：

1. 危害国家安全，泄露国家秘密，颠覆国家政权，破坏国家统一者；

2. 损害国家荣誉和利益者；

3. 煽动民族仇恨、民族歧视，破坏民族团结者；

4. 破坏国家宗教政策，宣扬邪教和封建迷信者；

5. 散布谣言，扰乱教学、生活秩序，破坏学校安全稳定者。

第二十九条 违反学校消防安全规定者，给予下列纪律处分：

（一）私自改动或破坏学校电器装备、电源线、电话线、网线等公共设施的，或占用消防应急设备电源的，视情节给予记过以上处分；

（二）违反学校用电管理规定，在寝室或教学楼内使用酒精炉等各种明火器具或学校明令禁止使用的各种大功率设备、电热器（电炉、热得快、电热杯、电水壶，电褥子，电饭锅、电吹风、烫发器等）的，除收缴器具外，视其情节给予记过以上处分；

（三）违规携带易燃、易爆、危险化学品进入校园或在校园内存放上述物品者，给予记过以上处分；造成事故者，给予留校察看以上处分；

（四）在校园内燃放烟花、爆竹或扔掷燃烧物品者，给予严重警告或记过处分；引起火灾者，给予留校察看以上处分并赔偿损失；

（五）挪用、破坏消防器材、设施者，除照价赔偿外，给予严重警告或记过处分；因挪用、破坏消防器材、设施而延误灭火或造成人身伤亡、财产损失的，给予留校察看以上处分；

（六）因过失引起火灾者，给予记过以上处分并赔偿损失；故意纵火者，给予开除学籍处分，并送交有关机关处理。

（七）私接电源或在室内或楼道为电动代步车（电动单车、电动平衡车、电动滑板车等）的蓄电池充电，或者违规存放上述车辆的蓄电池的，给予警告以上处分；

（八）占用、堵塞、封闭疏散通道、消防车通道、安全出口或有其他妨碍安全疏散行为的，经教育不改者，给予警告以上处分。

第三十条 以任何形式进行赌博或为赌博者提供赌博条件，视其情节轻重给予下列处分：

（一）提供赌具、场所、赌资，但未参与赌博者，给予警告以上处分；

（二）参与赌博者，给予严重警告以上处分；

（三）两次以上参与赌博、聚众赌博、勾结校外人员赌博者，给予留校察看以上处分；

（四）围观赌博现场的，给予通报批评；情节严重的，给予警告及以上处分。

第三十一条 在校内组织或参与打麻将、桥牌等活动，除收缴麻将、桥牌外，给予警告以上处分。

第三十二条 本规定没有列举的违纪行为，可参照本规定中类似条款或其他有关规定精神给予相应处分。

第四章　处分权限和程序

第三十三条　对违纪学生给予纪律处分的批准权限和报批程序：

（一）给予学生警告、严重警告、记过处分，由二级学院讨论决定，处分材料上报校学生工作处备案；给予学生留校察看、开除学籍处分，由二级学院提出处理意见，经学生工作处核查报分管校领导，并经校长会议研究后决定。对学生做出开除学籍处分的，在学校作出处分决定后，由学籍管理部门负责报省教育厅备案；

（二）特殊情况下，学生工作处、安全保卫处可以直接对违纪学生作出警告、严重警告、记过等处分；

（三）学生违反学生公寓纪律，需给予处分者，可由学生公寓管理部门提出处理意见，根据审批权限，报学生工作处处理；

（四）因政治问题给予学生开除学籍处分，须报经省委高校工委同意，由省教育厅批准。

第三十四条　学生违纪的处分程序：

（一）给予违纪学生纪律处分前，应听取学生或者其代理人的陈述和申辩。学生或者其代理人的陈述和申辩可以以书面形式或者口头形式表达；经实事调查后，根据实际情况做是否给予处分的决定；

（二）给予违纪学生纪律处分时，由学生所在学院填写《盘锦职业技术学院违纪学生纪律处分登记表》，并附有学生违纪的事实经过，旁证材料，违纪学生或其代理人的书面陈述和申辩材料一并写入登记表及其他相关证据等上报学生工作处；

（三）直接送交受处分学生本人有困难的，可将《违纪学生纪律处分决定书》送交给受处分学生家长或其直系亲属。

第三十五条　受处分学生对处分决定有异议的，在接到学校处分决定书之日起 10 日内，可以向学校学生申诉处理委员会提出书面申诉。学生申诉处理委员会根据学生申诉内容形成相关人员的调查组，负责受理学生对处理或者处分决定不服提起的申诉。

第三十六条　学生申诉处理委员会对学生提出的申诉进行复查，并在接到书面申诉之日起 15 日内，做出复查结论并告知申诉人；并根据《盘锦职业技术学院学生管理规定》学生申诉部分执行。

第三十七条　学生对复查决定有异议的，在接到学校复查决定书之日起 15 日内，可以向学校再次提出书面申诉或向辽宁省教育厅、市教育局提出书面申诉。同时，按照《盘锦职业技术学院学生管理规定》学生申诉部分执行。

第三十八条 从处分决定或者复查决定送交之日起，学生在申诉期内未提出申诉的，学校及上一级主管部门不再受理其提出的申诉。

第五章 附则

第三十九条 本办法自2024年9月1日起施行，学校其他有关规定与本办法不一致的，适用本办法。与国家和教育部及省市相关法律、法规不一致的，以上一级规定为准。

第四十条 本办法由盘锦职业技术学院学生工作处负责解释。

盘锦职业技术学院学生第二课堂成绩单学分认定管理办法（修订）

第一章　总则

第一条　为深入贯彻党的教育方针，落实立德树人根本任务，充分发挥第二课堂的育人功能，全面提升学生的人文素养、科学素质、创新意识和实践能力，根据《关于加强和改进新形势下高校学生思想政治工作的意见》《关于加强和改进新形势下高校共青团思想政治工作的意见》《高校共青团“第二课堂成绩单”制度试点工作实施办法》等文件要求，同时依据《盘锦职业技术学院学生第二课堂成绩单学分认定管理办法》，结合学校实际，制定本办法（以下简称“第二课堂成绩单”制度）。

第二条　“第二课堂成绩单”制度是“大学生素质拓展计划”的继承和创新，第二课堂属于学校人才培养方案的“课外素质教育”环节。第二课堂作为第一课堂的有机补充、作为学校人才培养的重要组成部分，是完善学校人才培养方案，提高学校素质教育质量，全面提升学生综合竞争力的重要举措。

第三条　学校“第二课堂成绩单”制度实行学时制管理，课程类别实施项目化管理。第二课堂是学校人才培养的必修环节，三年制学生累计获得 112 个实践学时及操行评定考核合格后获得 4 个学分，方可毕业。五年制学生累计获得 224 个实践学时及操行评定考核合格后获得 8 个学分，方可毕业。两年制“转段”的在校学生累计获得 50 个实践学时及操行评定考核合格后获得 2 个学分，方可毕业。

第四条　本办法适用于在本校接受全日制学历教育的学生。

第二章　组织领导

第五条　学校成立第二课堂管理工作领导小组，负责全校第二课堂学时的统筹规划工作。组长由分管团委工作的校领导担任，成员由党委工作部、教务处、学生工作处、校团委、招生与就业处等部门和各学院主要负责人组成。学校第二课堂管理工作领导小组办公室设在校团委，具体负责第二课堂方案统筹、平台建设、信息维护等管理工作。

第六条 各学院成立由党支部书记任第一责任人，团总支书记任组长，辅导员和教研室主任为成员的第二课堂管理工作小组，负责本学院第二课堂的课程类别设置、平台建设、学时认定等管理工作。

第三章 课程项目类别体系

第七条 “第二课堂成绩单”的课程项目类别体系分为思想成长、文体活动、创新创业、专业技能与职业资格、工作履历、社会实践等6个类别。

1. 思想成长：主要包括学生入党、入团情况，学生参加党校、团校培训，完成主题团日等规定的学习任务；荣获各种荣誉称号（三好学生、优秀学生干部、优秀团员、优秀团干部、优秀志愿者、自强自立大学生等）。

2. 文体活动：主要包括学生参加文艺类演出、展示活动等，参加文体艺术竞赛获奖。

3. 创新创业：主要包括参加创新创业类比赛获奖。

4. 专业技能与职业资格：主要包括参加国家统一计算机等级考试、普通话水平测试、外语等级考试并取得相应等级证书；取得国家劳动部门认可的职业资格证书或其他国家行政主管部门颁发的技能证书。

5. 工作履历：主要包括在团学（含学生社团）组织的工作任职履历情况。

6. 社会实践：主要包括参与院校组织的生产生活劳动、“三下乡”“返家乡”社会实践活动、参与招生宣传、勤工助学及其他实践活动的经历等。

第八条 学生可以通过参加学校承认的第二课堂课程项目（活动）获得学时。第二课堂学时可作为校级、院级各类奖学金、评优评先等奖励和荣誉评定的参考依据。第二课堂学时每学期至少须完成50学时，方可参评该学年各类奖学金评定。

第九条 第二课堂课程项目按照《盘锦职业技术学院“第二课堂成绩单”学时认定标准（试行）》（附件）设置学时。

第十条 第二课堂作为学校总体教学建设的一部分，与第一课堂在人才培养目标和毕业要求的设计上保持一致性、延续性、互补性。课程项目的实施原则上应有相应的活动方案或教学大纲等，以确保第二课堂的科学性、可操作性和实效性。

第十一条 各学院和各职能部门、直属单位均可承办实施第二课堂课程项目类别。学校定期组织各单位开展课程项目的申报、审批、检查、总结等工作。

第十二条 学生可根据第二课堂课程项目类别体系中具体的活动内容，结合自己的兴趣、特长、能力和需求，自主选择参加第二课堂活动，并依据《盘锦职业技术学院“第二课堂成绩单”学时认定标准（试行）》获得相应的第二课堂学时。

第十三条 参加第二课堂课程的学生人数，应根据活动项目要求合理确定。

第十四条 第二课堂课程项目的一次实施时间一般不超过1学期，特殊活动项目可以适当延长，但不得超过1年。

第十五条 学校根据第二课堂课程项目实施效果，对成效显著的单位和个人进行表彰、奖励。考查优秀的项目将作为第二课堂精品课程类别进行建设，考查不合格的项目将被暂停或取消。

第十六条 学校根据第二课堂课程项目执行情况，定期进行成果总结，鼓励单位和个人通过各种有效途径积极推广项目的执行经验。

第四章 学时管理及网上认证体系

第十七条 第二课堂学时体系是落实“第二课堂成绩单”制度的核心，是激发学生积极参与第二课堂活动的重要体现和重要抓手，学时设置遵循必要、科学、合理原则。

第十八条 第二课堂网上认证是落实“第二课堂成绩单”制度的重要平台，是学校利用互联网技术对学生第二课堂行为进行的全面记录。通过大数据分析，服务学生个性化发展与培养，实现精准育人。

第十九条 第二课堂网上认证采用PU口袋校园平台(APP),可实现在线发布、选择、评价、反馈、学时在线记录与认证，集学生信息、选课信息、成绩信息和证书信息于一体，实现学生参加第二课堂全程一体化管理，具体体现如下：

1. 学生可通过PU平台网络数据库管理系统，查看、选择、记录、评价、反馈第二课堂的课程及实施情况，并通过系统选择形成本人的“第二课堂成绩单”。

2. 学校、学院可通过PU平台进行课程活动发布、过程管理、收集反馈，监督、考核、评价、认证学生参与第二课堂的情况。

第二十条 认证程序

1. 相关单位或学生组织在PU平台网上发起活动。

2. 学生通过PU平台网上选择申报活动。

3. 学生线上、线下签到参加活动。

4. 学生在指定时间内，通过平台网上申报、上传证明材料申请相应学时，各项认定材料不重复计分。

5. 学生所在学院负责审核并评定学时。

6. 学生提供材料需保证真实性，若发现弄虚作假，按《学生手册》等相关规定处理。

第二十一条 第二课堂学时由发起活动的相关部门和学院在每学期期末完

成评定和审核工作。学生可在每学期期末自行查询和打印第二课堂成绩单。

第二十二条 第二课堂学时管理实行班级、学院和学校三级申报、审核制度，不得任意更改。

第五章 学时预警

第二十三条 为保证学生合理分配学习时间、顺利毕业，学生在入学一个学年内应获取不低于 80 学时，否则，应当及时预警。

第二十四条 第二课堂学时预警工作按学年进行，非应届毕业生第二课堂学时预警由各学院团总支组织完成。

第六章 附则

第二十五条 “第二课堂成绩单”制度自 2023 级学生开始试行，2023 级专科学生和 2021 级五年制学生离校实习之前需满足 56 学时，2022 级五年制学生离校实习之前需满足 112 学时，2023 级五年制学生离校实习之前需满足 168 学时。

第二十六条 “第二课堂成绩单”制度由校团委负责解释和修订。

本办法在实施过程中根据实际情况适时作出修正和调整。

盘锦职业技术学院学生公寓管理规定

第一章 总则

第一条 为规范学生公寓管理，提升服务育人水平，提升学生幸福感、获得感，根据中共辽宁省委教育工委辽宁省教育厅印发《关于进一步加强全省高校学生宿舍管理的意见（试行）》的通知（辽委教通〔2021〕74号），结合我校实际，特制定本规定。

第二条 高校学生宿舍是大学生生活学习的重要场所，是大学生日常思想政治教育的重要阵地，直接关系学校正常的教育教学秩序、生活秩序和校园安全稳定。加强公寓管理是全面贯彻党的教育方针，落实立德树人根本任务，完善“三全育人”工作格局的重要途径。创建整洁美观、安全舒适、文明健康、文化生活丰富的学生公寓是学校和广大学生的共同责任。

第三条 本规定适用于所有在我校学生公寓住宿的在校学生。

第二章 管理服务机构及职责

第四条 严格落实高校领导干部深入学生公寓联系学生。学生公寓管理逐步形成党委领导、学工牵头、专职人员入驻、学生参与、学校职能部门各负其责，全员协同育人的生活区工作格局。

第五条 学生工作处统筹公寓管理工作，负责对学生的思想政治教育与日常行为管理，下设公寓管理中心，具体职责如下：

（一）坚持立德树人，践行“三全育人”，在学生公寓开展思想政治教育主题活动，并进行广泛宣传；

（二）负责主题公寓、党团活动室建设和公寓内文化宣传，创建时代特色的育人环境，打造学生养成教育阵地；

（三）负责主办公寓文化节、文明宿舍创建活动，丰富公寓文化生活，促进精神文明建设；

（四）负责学生公寓相关制度建设；

（五）负责公寓管理员队伍的管理；

（六）组织劳动课学生每天开展公寓服务劳动；

（七）对“学生社区自律委员会”（以下简称“自管会”）、楼长、层长进行指导与管理；协助各学院对寝室长进行指导与培训；

（八）负责分发扫除工具、垃圾袋；

（九）负责统筹安排公寓分配和调换，学生住宿硬件设施需求的申报工作。

第六条 各学院具体职责如下：

（一）二级学院要将学生公寓内的各项问题列入月例会工作日程。学生工作主要领导要按照工作要求定期深入学生公寓，关心学生日常生活情况，加强情感沟通。

（二）辅导员要按照工作要求定期深入学生公寓，并有效利用信息化手段开展公寓管理，对所带学生公寓情况做到全面掌握；做好学生的思想价值引领、网络思政建设、心理健康教育工作，并将工作情况进行记录。

（三）辅导员负责公寓具体事务管理，监督防疫、安全、卫生工作。每周认真关注学生公寓情况，有效利用鼓励和惩罚措施，对当周宿舍事务进行管理。

（四）对学院自管会进行管理，将寝室长纳入自管会队伍，学院自管会至少60%以上的成员应由寝室长组成。

（五）做好寝室长选拔、指导和管理工作。充分发挥寝室长在大学生思想政治教育中的重要作用，把寝室长队伍建设作为高校思想政治教育工作的重要内容。

（六）开展行为养成教育。引导学生养成讲文明话、做文明事、垃圾自带下楼、不随意丢垃圾、不在公寓楼内吸烟、爱护公物等文明习惯。

（七）负责直接组织学生参与公寓生活区开展的各项校园活动。

（八）及时处理学生在公寓内的违规违纪行为和突发事件，维护学生公寓安全、稳定。

（九）及时向学生公寓管理中心反映学生住宿需求、意见和建议。

（十）将辅导员日常深入生活区的表现作为辅导员考核、评奖评优的依据。

第七条 自管会具体职责如下：

（一）发挥自我管理作用，把学生公寓建成学生自我教育、自我管理、自我服务的场所；着力提升自身文明素养习惯，影响和带动周边同学共同养成文明生活习惯。

（二）大力开展学生公寓党团建设、文化建设，营造浓郁的学风。协助公寓管理中心及相关部门开展宿舍防疫、安全、卫生大检查。

（三）每日进行楼道内巡查，对楼内吸烟、乱扔垃圾等不文明行为进行劝说和记录，并将结果反馈到公寓管理中心。

（四）每月组织一次自管会学生志愿服务活动，对公寓内及周边卫生死角进行清理。

（五）积极宣传贯彻宿舍的规章制度，做好日常生活服务信息发布工作，帮助同学解决在宿舍中遇到的问题。

（六）每周召开一次例会，将本周各项检查结果、巡查情况、搜集到的同学意见和建议反馈到公寓管理中心，充分发挥学生与学校之间的桥梁纽带作用。

（七）楼长在校自管会中产生确定，代表本楼住宿学生反馈学生建议；牵头开展每日楼道内巡查工作，并将结果上报自管会自治管理部；负责与层长随时沟通解决和汇报住宿问题；组织本楼学生开展积极向上的学生活动。

（八）层长在校自管会中产生确定，直接负责本楼层每天巡查，将结果上报楼长；经常走访本楼层宿舍，与寝室长、同学开展交流互动。

第八条 寝室长主要职责如下：

（一）寝室长受辅导员直接管理，对宿舍内的安全、卫生、考勤及各项秩序负有重要责任。

（二）配合辅导员开展宿舍内学生思想政治工作。

（三）寝室长首先要严格遵守学校各项规章制度，时刻以身作则，带头养成良好的生活习惯，全体宿舍同学要积极配合、支持寝室长工作。

（四）寝室长务必对如下情况立即向辅导员报告：宿舍中的用电、用火、管制刀具等安全隐患，打架、欺凌等违反纪律情况，心理问题、夜不归寝、突发事件等。

（五）牵头做好宿舍学风营造、文化建设工作。

（六）负责编排宿舍值日表，组织参与和检查宿舍同学每天完成卫生打扫、消杀通风、扔垃圾等卫生值日工作。

（七）负责向公寓管理员上报维修需求、向层长上报住宿意见和建议，报告宿舍内的好人好事。

（八）负责督促宿舍同学按时起床、出操、就寝、熄灯，保持宿舍内安静。

（九）协助辅导员组织宿舍同学积极参与公寓文化节和文明宿舍创建活动。

（十）寝室长人选可以从提交入党申请书的团员、入党积极分子中产生，列入学生干部管理。工作表现突出的寝室长，辅导员应在班级评奖、评优中要重点推荐，懈怠工作、重大事件隐瞒不报者，将予以批评教育或相应处分。

第三章 住宿学生的权利与义务

第九条 住宿学生的权利：

（一）办理住宿手续后，即享有宿舍居住权以及按照学校有关规定使用公寓配套设施，接受公寓的相关服务的权利；

（二）对涉及公寓管理的有关事宜享有知情权；

（三）有权对公寓管理、服务人员的工作进行民主监督，并参与公寓的民主管理；

（四）对公寓管理中侵犯其人身权或财产权等合法权益的行为提出申诉。

第十条 住宿学生的义务：

（一）自觉遵守学生宿舍相关制度，积极参与公寓文化节和文明舍务创建活动；

（二）遵守防疫规定，确保宿舍用电安全、防火安全；

（三）学生应按规定交纳住宿费；在指定宿舍、床位住宿，不得擅自调换宿舍或床位；

（四）学校因公寓维修、改造、建设、功能区划改变等需对宿舍安排进行调整的，住宿学生应予积极配合，服从统一安排；

（五）遵守学生行为规范，养成良好的学习、生活、文明礼貌等习惯，自觉做好个人卫生和宿舍卫生工作；

（六）学生应爱护学生公寓公物，损坏物品照价赔偿。

第四章 住宿、调宿与退宿

第十一条 公寓入住

（一）学生公寓住宿以二级学院为单位集中安排学生房间与床位，各二级学院以班级为单位具体安排学生床位。

（二）学生按照学院有关规定办理住宿手续后入住指定宿舍和床位。入住学生于每学年开学初，按标准准时缴纳住宿费。

（三）寒暑假期间，住宿学生原则上不在公寓留宿，因学校安排实习、培训、比赛等活动的学生如确有需要在公寓留宿者，在学生公寓适合住宿的情况下，以主办相关活动的部门（学院）向学校提出申请，批准后方可由公寓管理中心安排留宿。

（四）因休学、保留学籍、参军等原因退宿的，需要再次申请住宿的应当持证明，提前十日向二级学院提出书面申请，学生处根据宿舍情况，重新安排床位。

第十二条 公寓调宿

（一）根据学院相关安排，需要进行调宿的，各二级学院有义务服从、配合，公寓进行调宿。

（二）学生必须按指定宿舍住宿，不得擅自调换房间和床位，不得私自占用空房、空床位。因学生个人原因和特殊情况需要调换宿舍或床位的，应向所在二级学院提出申请，根据宿舍空余情况，经二级学院辅导员、学生工作负责人、学生处签字批准后方可进行调换。办理调宿手续后，应在1日内搬离，并清理干净原宿舍。

（三）学生公寓内临时空出的宿舍和床位，由学院统一管理，学生不得私自占用和调换。

第十三条 公寓退宿

（一）毕业生按学院规定的离校时间办理离校退宿手续。毕业生将个人物品全部搬出宿舍并清理好卫生后，由公寓管理员检查宿舍是否完好和整洁。毕业生将宿舍钥匙统一上交宿管员，并在离校签字后完成退宿，丢失钥匙者按价赔偿。

（二）毕业生应做到遵规守纪，爱护公物，文明离校。学生退宿时，宿舍的公共设备如有丢失、损坏，情况按公共物品的成本价收取赔偿费，如果责任不清，由该宿舍全体同学均摊。对有意损坏者，除赔偿外，并视情节给予纪律处分。

（三）住宿学生有下列情况的，应按照相应规定办理退宿手续，结清费用，交还宿舍钥匙，并在 2 日内搬离宿舍。

1. 结束在校学业（包括但不限于毕业、结业、肄业、退学、开除学籍等）。

2. 学生因特殊情况确需退宿的，学生本人提出书面申请，学生家长签字，经所在二级学院同意，学生处审核批准后方可办理退宿手续。

第十四条 学生要求在校外住宿的，需本人于每学年开始两周内按照相关规定提出办理申请；退宿申请期限一般为一学年，每学期初进行一次确认，连续校外住宿需逐年申请。学生校外住宿期间，公寓内不予保留床位、不准存放个人物品。在校外住宿的学生应遵守校规校纪，遵守社会公德，不做有损学校和大学生形象的事情。外宿学生由学生所在的二级学院负责跟踪管理。

第五章 住宿管理

第十五条 我校学生实行住宿制，严禁学生私自外宿。

第十六条 住宿学生必须按规定出入学生公寓，服从管理。未经许可，外来人员不能进入学生宿舍。

第十七条 住宿学生应自觉遵守作息时间，按时上课，按时归寝，公寓楼大门按规定时间落锁。

（一）宿舍实行晚查寝制度，辅导员和各宿舍寝室长要加强对学生住宿的管理。对夜不归宿和随意留宿的学生，寝室长要第一时间向辅导员报告；

（二）住宿学生在正常教学及国家法定节假日（包括双休日）离校离寝实行请假登记制度，须填写《学生请假单》；

（三）住宿学生在关闭公寓楼门后返回宿舍，应主动向公寓管理员说明情况，并进行实名登记。

第十八条 学生宿舍固定资产包括：上下铺床、床垫，柜子、长条桌、凳子、窗帘、晾衣绳、门钥匙。

第十九条 住宿学生应爱护公共设施，照明、消防等公共财物，如有故意损坏或破坏者，须按价赔偿。提倡节约用水用电，禁止长明灯、长流水。

第二十条 宿舍设施发生损坏时，学生主动申请报修。

第二十一条 学生在公寓期间，要服从管理，文明住宿。未经批准，禁止学生在公寓区从事任何形式的经商活动，违者按学校有关规定予以处理；严禁在公寓楼内存放车辆；严禁在宿舍内吸烟、饮酒及从事干扰、影响他人正常休息、学习的活动。

第二十二条 对在宿舍楼内出现影响正常生活秩序的非正常事件，每个住宿学生都有阻止不良事态发展的责任和义务，不得有不利于问题解决的言行。

第二十三条 尊重公寓管理服务人员的人格和劳动，服从公寓管理服务人员的管理。

第二十四条 住宿人员因故需借用本宿舍钥匙，须凭有效证件到值班室办理。丢失钥匙不报告和私配钥匙或私换门锁，造成损失的，责任自负。

第二十五条 严禁学生从事任何形式的赌博行为；严禁上网浏览黄色网站、收看传播反动淫秽书画及音像制品；严禁搞迷信邪教活动。

第六章 安全管理

第二十六条 学生不得在宿舍养宠物。

第二十七条 宿舍内严禁存放公安部门管制的枪支、刀具、易燃易爆、易腐蚀及放射性物品，严禁焚烧废弃物，严禁使用煤油炉、酒精炉、蜡烛等明火设备，严禁使用大功率设备及热得快、饮水机、电炉、电暖器、电热毯、电吹风、变压插排等电器。

第二十八条 宿舍内供电线路、电源插座、开关及电器设施出现故障或损坏后，应立即报修；禁止私自拆接电线。

第二十九条 住宿人员要注意个人财产安全。严禁私自更改锁具，个人不得擅自撬门破锁，不得擅自将本宿舍的钥匙转交给非本宿舍人员；要增强防盗意识，宿舍内不要存放贵重物品和大量现金，对于笔记本电脑、手机、相机等贵重物品，应妥善保管。

第三十条 住宿学生携带大件物品进出公寓楼时，应到门卫室登记，并自觉接受检查。

第三十一条 学生若有亲朋来访，来访人员须凭本人有效证件在门卫室办理登记手续，并将证件暂押在门卫室方可在规定的时间进入学生公寓。

第三十二条 严禁进入异性宿舍，如果有事确实需要，必须征得值班人员同意，主动登记并交押本人有效证件。

第三十三条 公寓内严禁吸烟、饮酒、打麻将、聚众闹事、举行宗教活动、进行经营性活动，禁止大声喧哗、泼水嬉闹、高声放音乐。

第三十四条 不得在公寓走廊等公共区域内放置任何物品，保持公寓楼内消防通道畅通。楼内消防器材等安全设施，非紧急情况下，不得移位、玩弄和损坏。

第七章 卫生管理

第三十五条 宿舍内务卫生由寝室长安排本室同学轮流值日，每日清扫室内卫生，保持室内卫生整洁，并将垃圾倒入垃圾桶内。宿舍楼阳台应保持整洁，不要堆放杂物。

第三十六条 学生要自觉搞好个人卫生，每日按要求整理内务。衣服、床单、被罩、枕巾要勤洗勤换，要勤开窗通风，做到卫生清洁、空气清新。

第三十七条 学生要自觉讲究社会公德，禁止向走廊、楼梯及窗外泼水、乱扔杂物、随地吐痰；严禁在公寓内外乱写、乱贴、乱画及污染墙壁等。

第三十八条 宿舍内垃圾由学生自行带下楼，扔到楼外指定垃圾箱。严禁在走廊、洗漱间、卫生间等公共区域堆放杂物、垃圾，张贴海报、对联、通知等物品。

第八章 附则

第三十九条 本规定自 2024 年 9 月 1 日起施行。原《盘锦职业技术学院学生公寓管理规定》同时废止。

第四十条 本规定由学生工作处负责解释。

盘锦职业技术学院学生请销假管理办法

第一章 总则

第一条 为保证学校的正常教育教学秩序，加强学生管理，保障学生合法权益，根据《普通高等学校学生管理规定》《盘锦职业技术学院学生管理规定》等相关规定，结合学校实际，制定本办法。

第二条 本办法适用于我校就读的所有学生。

第三条 学生请假销假管理工作应当遵循维护学校正常教学秩序、保障学生权利、严格程序、实事求是的原则。

第四条 学校学生工作处负责学生请假销假管理的指导、协调与监督；学院负责学生请假销假管理的具体工作。

第二章 请假

第五条 学生在校期间应当按时参加学校教育教学计划和学校统一组织的活动，因故不能参加的，应当在企业微信上履行请假手续，确因特殊情况无法进行请假的，可事先通过通信方式请假，事后及时办理补假手续。请假经批准后生效。

第六条 学生因病请假的，应当出具县级及以上医院出具的病历诊断书、病假证明等材料。

第七条 学生因事请假的，应当提供请假事由的证明材料或由班主任、辅导员与学生家长沟通酌定是否准假。

第八条 学生因学校、学院委托办理公事，或者参加校内外竞赛、会议等活动需要请假的，应当持委托证明或者活动组织部门出具的签章证明（须注明请假期限），办理请假手续。

第九条 学生在寒暑假、法定节假日及双休日前后，不得提前离校或者延迟返校。确因特殊情况，需提前离校或者不能按时返校的，应当按规定办理请假手续。

第十条 学生公寓熄灯后不得外出，如遇特殊情况确需外出的，须告知同宿舍人员、班长及公寓管理员事由，并向辅导员（班主任）请假。

第十一条 学生一学期因请假缺课超过该学期总学时四分之一的，应当按照学校学籍管理的有关规定办理休学手续。

第十二条 以下两种情况请假累计时间可不受期限限制：毕业年级学生因

毕业实习等教学活动需要离校的，由班长统一办理请假手续。请假手续由辅导员确认，学院副书记审核，书记、教学副院长共同审批。

第三章　审批与办理

第十三条　学生请假必须经过审核办理，具体审批权限及办理程序如下：

学生请假1天以内可由辅导员（班主任）审批；请假时间为3天以内，由辅导员（班主任）审核，学院分管学生工作的副书记审批;请假时间为4～7天，由学院分管学生工作的副书记审核，学院书记审批，并报学生工作处备案；请假时间为7天以上，由学生工作处审批，并报主管领导备案。

第四章　续假与销假

第十四条　学生假满而未能返校时,应履行续假手续。续假必须经辅导员(班主任）审核同意报学院分管学生工作领导。未办理续假手续或者续假手续未获得批准的，视为旷课，按照相关规定给予纪律处分。

第十五条　学生应当在请假时间到期后1天内向班主任、辅导员通过企业微信线上办理销假手续。

第五章　违规处理

第十六条　学生有下列情形之一，视情节轻重，给予通报批评或者按照相关规定给予纪律处分：

（一）未按照本办法办理请假手续、请假未获得批准自行离校或者未请假擅自离校的；

（二）请假时间届满，回校后未按规定办理销假手续的；

(三)请假时间届满后不能按时返校,不办理续假手续或者续假手续未被批准的;

（四）虚构请假事由或者请假证明材料造假的。

第十七条　违反请销假管理按照《盘锦职业技术学院学生违纪处理规定》予以处理。

第六章　附则

第十八条　本办法自发布之日起施行，原有相关制度同时废止。

第十九条　本办法由学生工作处负责解释。

盘锦职业技术学院学生早操管理办法

第一章 总则

第一条 为促进学生体质健康发展，激励学生积极参加体育锻炼，提高自我保健能力和体质健康水平。结合我校实际，特制定本管理办法。

第二条 按照有利于培养学生良好的生活习惯，强化学生养成教育，充分发挥早操的育人功能，积极引导广大青年学生学会自我教育、自我管理、自我服务，促进学风、校风建设，促进广大青年学生健康成长成才。

第三条 本办法适用于我校全体在校学生，鼓励外出实习学生根据自身情况积极参与早操活动。

第四条 早操时间根据具体情况由学校统一安排。

第二章 组织机构及职责

第五条 学校成立早操工作领导小组，由主管学生工作领导担任组长，学生工作处处长、团委书记担任副组长，学生工作处副处长、团委副书记为成员。具体负责全校早操工作的组织实施及考核工作。

下设早操考勤工作检查小组，小组由学生工作处、团委教师及校学生会文体部成员组成。

第六条 各二级学院分别成立学院早操工作领导小组，由二级学院党支部书记担任组长，副书记担任副组长，专兼职辅导员为成员。具体负责二级学院早操工作的组织实施及考核工作。

下设二级学院早操考勤工作检查小组，小组由学院专兼职辅导员及院学生会文体部成员组成。

第三章 组织实施

第七条 各二级学院通过召开学生大会、主题班会等形式，认真做好宣传发动工作，使学生充分认识到开展早操工作的重要意义，教育引导学生自觉并坚持参加早操。

第八条 充分发挥专兼职辅导员的教育、引导作用及学生干部、学生党员等学生骨干和基层班级的示范作用，认真组织实施学生早操实施办法，并确保取得实效。

第九条 学生早操考勤工作检查小组每周要对检查结果进行汇总、反馈和通报。

第四章 考勤及奖惩办法

第十条 学生要严格按照出操时间到指定地点进行做操或跑操，超过早操规定时间没有点名记为旷操一次。

第十一条 因事不在学校或因病请假者须由所在班级辅导员开具证明（假条）并交至二级学院早操考勤工作检查小组。因临时身体原因不能参加早操的学生须于当日向二级学院早操考勤工作检查小组补交辅导员开具的相关证明（假条）。考勤工作检查小组定期将学生情况反馈至各班辅导员。

第十二条 如遇雨、雪、大风等恶劣天气及学校批准的情况可不出操。具体通知应以学校通知为准。

第十三条 每学期学生早操请假次数在1/4以上或旷操1/5以上者综合素质测评中的行为素养测评计0分。

第十四条 每学期内班级早操出勤率超过3次（含3次）低于95%的班级或班级累计2次及以上被通报无故不进行早操，该班级不能评为先进班集体和先进团支部。

第十五条 对无故不进行早操的学生，要在学院范围内进行通报。累计3次将根据情况在全校范围内通报批评。每学期内累计5次及以上无故不进行早操的学生，取消其年度评奖、评优、评助资格。

第十六条 学校对组织得力、效果显著、早操出勤率高（依据早操考勤检查结果）的班级进行表彰，并给予相应奖励。

第五章 附则

第十七条 本办法由学生工作处负责解释。

第十八条 本办法自发布之日起施行。

盘锦职业技术学院学生晚自习管理办法

第一章 总则

第一条 为了保证学生晚自习的正常开展，提高自习质量，使学生养成良好的学习习惯，推进学习风气建设，根据《高等教育法》和《盘锦职业技术学院学生管理规定》等有关制度，结合我校的实际情况，制定本办法。

第二条 学生晚自习是日常教学的重要组成部分，是培养学生自学能力的重要环节，也是学生理解学习内容，做好新课预习的有效手段。任何学院或部门不得无故取消或妨碍学生自习。

第三条 本办法适用于本校全日制在籍学生晚自习的管理。

第二章 学生工作处职责

第四条 学生工作处代表学校行使对学生的教育管理责任；学生工作处依据学校学生管理有关规章制度，对学生晚自习课进行总体要求，制定相关规定，监督考核学院工作，并负责协调各相关部门，为学生创造良好的自习环境。

第五条 学生工作处在学生晚自习管理中的主要职责如下：

1. 代表学校制定对各院学生晚自习管理的总体要求；监督学院的管理行为。

2. 拟定学生晚自习要求及考核标准；根据实际情况确定晚自习时间、参加范围等。

3. 协调教务、后勤等有关部门，为各学院分配适合的晚自习教室、场地，为学生提供良好的运动和自习环境。

4. 做好对各学院学生晚自习质量的监管工作，定期对各学院的晚自习情况进行检查与评比。

第三章 学院职责

第六条 学院是学生晚自习管理工作具体落实部门。各学院应当根据学校的总体要求，制定符合学院实际情况的管理细则，有效地组织人员，进行学生晚自习的管理与考核工作。

第七条 学院在学生晚自习管理工作中的主要职责如下：

1. 在学生处的指导和监督下开展学生晚自习管理的各项活动，指导本院辅导员、班主任、辅导员助理、分团委学生会开展相应的学生晚自习管理工作。

2. 根据学校有关学生晚自习管理的规章制度，制定本学院的具体管理细则。

3. 负责为各班级分配合适的晚自习教室，保证学生的自习环境。

4. 定期对各班级学生晚自习情况进行检查与评比，并将检查结果列入学生的个人综合测评记录；按要求上报学生晚自习的有关情况，并协助学生工作处做好本学院学生晚自习的考核工作。

第四章 辅导员、班主任、辅导员助理职责

第八条 辅导员、班主任、辅导员助理是学生管理的一线工作者，应当积极地履行管理职责，做好学生的思想教育工作，保证学生晚自习的正常开展。

第九条 辅导员、班主任、辅导员助理在学生晚自习管理中的主要职责如下：

1. 切实履行教师的管理职责，依据学校学生晚自习管理的有关规定，组织制定班级晚自习管理制度，对学生晚自习进行有效管理，做好学生的思想教育工作。

2. 定期了解学生晚自习情况，并及时上报有关信息。

3. 积极组织开展学生晚自习检查与评比活动，并指导学生会或本班学生干部进行晚自习管理工作。

4. 严格执行学生晚自习请假制度，明确审批程序，保证晚自习的出勤率。

第五章 学生会及班级学生干部的职责

第十条 学生会应当发挥学生自我管理的组织作用，协助学生工作处及学院做好学生晚自习的检查与管理。各级学生干部要以身作则，做好表率，并积极配合学校做好学生晚自习管理工作。

第十一条 学生会及班级学生干部在学生晚自习管理中的主要职责如下：

1. 学生会及各班级学生干部要切实履行学校的有关规定，执行学生晚自习管理的工作要求，完成学校和学院交给的晚自习管理任务。

2. 校学生会要协助学生工作处对全校学生晚自习情况进行定期检查；院学生会学习部要协助学院老师对本院各班级学生晚自习情况进行定期检查。并依据公平、公正的原则，给出检查成绩。

3. 各班值勤人员要认真负责地做好当天记录，完成考勤任务后，应当认真及时地做好交接工作。

4. 学生会及有关学生干部应当及时收集和反馈学生中的问题，做好与老师的汇报交流。

第六章 学生晚自习的考核

第十二条 参加晚自习的学生应当遵守学校关于晚自习管理的相关规定，主动配合考勤。各学院要做好晚自习的考核、评比工作，保证晚自习的出勤率。

第十三条 教务、后勤部门应当在每学期开学后第一周为一年级各班级安排好足够的自习教室和运动场所。学生应当从第二周开始参加晚自习，至期末停课时结束。晚自习时间为：周日至周四晚上6：00—7：30。

第十四条 学生晚自习的考核如下：

1. 学生要按规定的时间参加晚自习，不得无故缺席，不得迟到或早退，迟到或早退三次者算一次缺勤。

2. 因事因病无法参加晚自习者必须向班主任或辅导员老师办理请假手续，并将有效请假条交予负责值勤的班级干部以备核查。没有请假的学生记为无故缺勤。

3. 托人或代人虚报出勤，或者弄虚作假、包庇错误，情节较轻的给予批评教育；情节较重或屡犯的撤销其学生干部职务和取消党员发展对象或入党积极分子资格，不得参与当年的评优评奖，直至给予纪律处分。

4. 晚自习的出勤和遵守自习纪律情况，作为每学期学生综合测评内容之一。晚自习缺勤二节计旷课一学时，记入教学考勤册。晚自习累计缺勤五节课或违反自习纪律被记载三次及以上者不得参与本学期内的评优评奖。累计旷课达一定学时者，按《盘锦职业技术学院学生违纪处理规定》给予纪律处分。

5. 各班级每天都要对本班晚自习出席情况进行自我考勤；各学院要安排专门的老师或辅导员助理及学生干部对各班级晚自习出勤率进行定期考勤。各班级晚自习考勤结果直接与班级评优挂钩，出勤率低于80%或在考勤中被发现有弄虚作假行为的班级不得参与优秀班集体的评选。

6. 学生晚自习情况评比排名作为学院学生工作综合考评先进单位评比的重要依据。

第七章 学生晚自习的纪律要求

第十五条 参加晚自习的学生要遵守自习纪律，服从管理要求，积极提高自习效率，主动营造良好的自习环境。

第十六条 学生参加晚自习时的纪律要求如下：

1. 一年级学生准时到指定场所、教室参加晚自习（或根据本学院的方案开展晚自习活动）;其余年级学生可以自行选择自习地点，但原则上到教室、图书馆、实训中心上自习，在宿舍自习的学生，在自习时间不得做与学习无关的事情。

2. 晚自习期间学生应当保持教室及走廊安静，不在教室或走廊大声喧哗，随意走动，以免影响其他同学学习。

3. 晚自习时间不得在教室打扑克、打游戏，不得在教室吃东西。各班自觉维护教室清洁卫生，下课将随身携带物品带走，不得损坏公物。

4. 晚自习时间各班根据本学院相关要求参加指定的学习活动，如特殊情况参加其他活动，须报辅导员批准。

5. 晚自习时间如有正常上课，参加正常上课。

第八章　附则

第十七条　本办法由学生工作处负责解释。

第十八条　本办法自发布之日起施行。

盘锦职业技术学院学生绿色通道实施办法（修订）

第一条 为了保证家庭经济困难学生正常入学，根据教育部、辽宁省教育厅等部门的相关规定，结合我校实际，制定本办法。

第二条 建立绿色通道制度，即对被盘锦职业技术学院录取的家庭经济困难新生，在缓交全部或部分学费的情况下，学校一律先办理入学手续；对已经入学但家庭经济困难学生，可以缓交全部或部分学费。

第三条 绿色通道制度，实行一年一申请，一年一审核原则，学生根据困难情况每年申请一次。

第四条 申请绿色通道的学生应符合以下条件之一：

（一）孤残学生、烈士子女及优抚家庭子女等无直接经济来源，仅靠政府救济的。

（二）家庭成员主要劳动力长期患病或残疾，基本丧失劳动能力的；或家庭成员老弱幼小，没有直接经济来源，无生活依靠的。

（三）家庭经济遭受重大自然灾害或其他一些不可抗拒的原因，致使家庭经济特别困难者。

（四）申请绿色通道学生须主动办理国家生源地贷款，或者承诺能够在缓交期限内自行缴纳所欠费用。

（五）孤儿大学生可申请办理免交学费、宿费。

第五条 申请及审批的程序：

（一）学生资助管理中心设立“绿色通道服务站”。

（二）家庭经济困难学生凭《家庭经济困难学生认定申请表》或相关证明，向所在二级学院提出学费缓交的书面申请。

（三）“绿色通道服务站”经核实材料，登记审批后将申请绿色通道名单报校财务处备案，可暂缓缴纳学费和住宿费先行办理入学手续。

第六条 对申请绿色通道的学生，学校将进一步核实其困难情况，并通过家庭经济困难学生认定工作，根据其困难程度，分别采取不同办法予以资助。对经核实不符合绿色通道条件的学生，应立即补交学费。

第七条 附则

（一）对家庭经济困难学生要提供积极、主动、热情的服务，除允许其缓交相关费用先行办理入学和其他手续外，还应帮助他们解决生活中存在的其他困难。

（二）坚持实事求是、适度从严的原则。

第八条 本办法适用于被我校正式录取的全日制在籍学生。

第九条 本办法自公布之日起施行，由学校团委负责解释。

盘锦职业技术学院学生社团管理办法

为深入学习贯彻习近平新时代中国特色社会主义思想，特别是习近平总书记关于高校思想政治工作和青年工作的重要论述，全面提高学生素质，活跃校园文化，切实加强我校学生社团的建设管理，根据《中共教育部党组、共青团中央关于印发的〈高校学生社团建设管理办法〉的通知》（教党［2020］13 号）要求，盘锦职业技术学院进一步规范学生社团管理，深化我校学生社团的育人功能，积极促进学校学生社团的健康发展，特修订盘锦职业技术学院学生社团管理办法。

第一章 总则

第一条 学校学生社团是落实立德树人根本任务、推进素质教育的重要载体，是我校学生根据成长成才需要，结合自身兴趣特长，在学校党委的领导和团委的指导下开展活动的群众性学生团体。我校学生社团分为思想政治类、学术科技类、创新创业类、文化体育类、志愿公益类及其他类等。

第二条 学校学生社团的基本任务是：以习近平新时代中国特色社会主义思想为指导，团结凝聚广大青年学生，坚持思想性、知识性、艺术性、多样性相统一的原则，积极开展方向正确、健康向上、格调高雅、形式多样的社团活动，丰富课余生活，繁荣校园文化，促进青年学生德智体美劳全面发展。

第三条 学生社团由学生会办公室（社团管理部）具体负责注册登记、监督考核等建设管理工作，报送学校团委备案，并经学生社团建设管理评议委员会审议。

第四条 我校学生社团的成员必须是具有正式学籍的盘锦职业技术学院在校学生。

第二章 组织管理

第五条 学生社团建设管理评议委员会（以下简称评议委员会）在学校党

委的领导下，由学校党委分管学生工作的领导担任评议委员会负责人，成员由党委工作部、学生工作处、教务处、后勤管理处、保卫处、学院团委部门负责人，学生会办公室负责人，以及相关领域专家组成。评议委员会下设办公室在学校团委，学校团委书记任办公室主任。评议委员会负责对学生社团注册登记及年审进行评议审核，学生社团指导教师选聘评议，审核评议结果须提交学校党委核准后方可执行，原则上在把控质量的前提下，配强学生社团指导教师，形成齐抓共管的协调联动长效机制，促进学生社团精品建设、健康发展。学校团委成立学生会社团管理相关部门具体执行和落实学生社团建设管理评议委员会各项工作。

第六条 学生会办公室（社团管理部）是在学校党委的领导和学校团委的指导下，负责对学生社团进行日常服务、管理监督的学生组织，旨在促进社团间交流、优化社团资源配置、提供社团资源共享平台、维护社团整体利益。学生会办公室（社团管理部）学生干部的选拔换届由学校团委具体统筹指导。

第七条 学生会办公室（社团管理部）职能

（一）在学校党委的领导和学校团委指导下，结合实际情况起草或修改学生社团相关管理办法；

（二）在学生社团决策重大事项时给予咨询和建议；

（三）审议学生社团学期活动计划及学期工作总结；

（四）收集整理学生社团成立申请材料，上报学生社团建设管理评议委员会审批；

（五）对学生社团进行年审，并将年审材料及结果上报学生社团建设管理评议委员会审议，根据审议结果对通过年审的学生社团进行年度注册，对未通过年审的学生社团进行整改监督；

（六）代表各学生社团的利益，协调各学生社团之间的关系，加强相互间的交流合作；

（七）代表各学生社团与学校学生社团建设管理评议委员会进行沟通，反馈学生社团利益诉求，向学生社团传达学生社团建设管理评议委员会的指示要求及意见建议；

（八）负责学生社团建设管理相关文件及材料的收集、整理、归档工作；

（九）负责策划组织全校的社团展示活动，对社团日常活动进行监督；

（十）管理学生社团活动场地，根据社团需求协调社团活动时间，统筹分配活动场地，负责社团活动场地安全及卫生的日常监管；

（十一）在学生社团建设管理评议委员会的领导下，组织开展学生社团年度评优定级工作；

（十二）组织学生社团开展换届工作；

（十三）其他应由学生会办公室（社团管理部）行使的权力。

第三章　学生社团的组织构成及建设

第八条　学生社团必须在宪法、法律法规和校纪校规许可的范围内开展活动，不得从事与本学生社团无关的活动，各学生社团活动应自觉接受学校团委的领导和监督，服从学校工作的全局安排。

第九条　各学生社团应制定自己的章程，并报学生会办公室（社团管理部）备案。社团应有自己完整的组织结构，按照社团章程、学校校纪校规及学生会办公室（社团管理部）有关条例，组织本社团开展积极健康的科技、学术、体育、文化、艺术、志愿服务、公益等活动。

第十条　学生社团负责人的产生、任免与更换

（一）社团负责人须从本社团成员中选举产生，成绩的综合排名在专业50%以内，思想政治类社团和志愿者公益类社团学生负责人原则上应为中共党员（含中共预备党员）或中共团员。为确保社团活动开展质量，社团负责人至多担任一个社团活动的负责人工作，不可兼任多个社团。

（二）社团负责人的条件：

1. 必须从本社团成员中产生，经全体会员或会员代表选举后产生。

2. 参加本社团成为会员，并经常参加社团活动超过1年以上（新成立的社团除外）。

3. 原则上应由二年级以上学生担任（含大二）。

（三）学生社团负责人任期原则上为一年，在任期如有违反校规或严重损害学生社团利益的行为及下列情况之一者，学生会办公室（社团管理部）有权报请评议委员会暂停或免去其职务：

1. 在校期间受到法律法规或学校党、团、行政处分者。

2. 曾因违反有关规定，被管理部门撤职的社团负责人和被责令解散社团的负责人。

3. 成绩无法达到学校所规定学生干部基本要求。

4. 在任期间完全不配合学生会办公室（社团管理部）工作。

5. 其他不宜担任学生社团负责人的有关事宜。

（四）如有特殊情况，可由学生会办公室（社团管理部）在广泛征求学生社团成员意见基础上，报请评议委员会审议通过后指定临时负责人。

（五）社团负责人的主要职责：

1. 维护学校的合法权益和声誉；

2. 遵守《盘锦职业技术学院学生社团建设管理办法》及相关管理规定；

3. 遵守本社团章程，维护本社团的权益；

4. 负责社团内部组织建设，参与社团骨干力量的培养与举荐；

5. 维护社团会员的权益，在活动中保证社团会员的人身安全；

6. 对社团活动的组织、安全性和合法性负责；

7. 对社团财物管理状况负责。

第十一条 加强学生社团政治引领。具备条件的学生社团须建立临时团支部，承担政治理论学习、研究社团重要事项等职责。临时团支部一般不发展团员，不收缴团费，不选举团代表等。学生社团注销后，临时团支部自然撤销。

第十二条 学生社团的会员

（一）凡盘锦职业技术学院在校正式注册登记的学生均可自愿选择参加学生社团。

（二）社团拥有会员入会申请的否决权。

（三）会员必须在每学期初，按社团要求到所属社团进行会员登记，过期不登记者按自动退会处理。

（四）会员有积极参加社团活动的义务，对于长期不参加社团活动的可按情况作退会处理。

（五）会员应积极配合社团负责人做好社团的组织和管理工作。

（六）会员有监督社团负责人工作的权利，对于社团活动可以提出质疑，社团负责人必须进行相应解释。

（七）充分保障学生社团成员权利。会员有权了解所在社团的章程、组织机构和财务制度。

（八）会员有权对社团的管理和活动提出建议和质询，有权按照章程申请加入或退出该社团，有权向社团管理部门反映社团及其成员出现的违反法律法规或校规校纪等问题。可以直接向社团管理部相关部门投诉。

（九）每名学生最多加入 2 个学生社团。

第四章 社团成立、年审、注册登记、变更、注销

第十三条 学生社团的成立须由学生会办公室（社团管理部）初审，报学校团委审批方可成立。凡未经正式登记或未履行审批手续的社团，属非法社团，学校将予以取缔，由此产生一切后果由当事人负责。

第十四条 企业、社会机构或个人原则上不得在学校建立特定冠名的学生俱乐部、协会等社团。对于与企业、社会机构或个人联系紧密的创新创业类社团，确有冠名需要的，须报学校党委批准。原则上学生社团不应涉及外事事务，确有需要的，须报学校党委批准。

第十五条 申请成立学生社团，须具备以下条件：

（一）由 20 名以上学校在读学生联合发起，所有发起人均须具有正式学籍，未受过校纪校规处分，具备开展该社团活动的基本素质；

（二）有规范的名称和相应的组织机构，名称应与其性质相符合，准确反映其特征，应符合法律法规要求，不得违背校园文明风尚和社会公共道德；

（三）有明确的指导单位，原则上指导单位应是与社团业务相关的校内机关职能部门、二级学院党组织或校内学术科研机构；

（四）有至少 1 名指导教师；

（五）有规范的社团章程，包括社团类别、宗旨、成员资格、权利和义务、组织管理制度、财务制度、负责人产生程序、章程修改程序及其他应由章程规定的相关事项；

（六）申请成立学生社团材料包括社团成立筹备申请书、发起人和拟任负责人基本情况（包括思想表现、学习成绩等）、指导教师确认书、指导单位确认书以及社团章程等。

第十六条 未经批准成立或已注销的学生社团不得开展任何活动。已批准成立的学生社团中的成员，未经学生社团集体研究授权，不得以社团名义开展活动。

第十七条 学生社团有下列情形之一的，不予批准成立或不予继续注册登记：

（一）申请成立时弄虚作假的；

（二）参与学生社团的人数长期不足 20 人的；

（三）年审不合格且整改无效的；

（四）全体成员大会决议解散的；

（五）在同一学院已有性质相同或相似学生社团的；

（六）涉及宗教文化的、民族排他性或地区排他性的；

（七）跨地跨校联合成立的，未经学校审核批准的校外机构会员单位或分支机构性质的学生组织；

（八）举办违反法律法规、校纪校规或社团章程宗旨活动的；

（九）其他不宜批准成立或不宜继续注册登记的。

第十八条 学生社团实行年审及注册登记制度，由评议委员会进行评议审核，评议审核结果须提交学校党委核准后方可注册登记。年审工作于每年 6 ～ 9 月开展。具体程序如下：在规定时间内，学生社团需填写年审表上交至学生会办公室（社团管理部），并以社团答辩会的形式开展年审工作。年审内容包括社团成员构成、社团负责人工作及学习情况、年度活动清单、指导教师工作情况、业务指导单位意见、物资状况、有无违纪违规情况等。对年审合格的学生社团进行注册登记，只有进行注册登记的学生社团方可继续开展活动；对运行情况良好的社团，纳入学生工作表彰范畴给予激励，对于年审不合格的学生社团提出整改意见，整改期一般 3～6 个月，整改期间社团不得开展除整改以外的其他活动。

第十九条 学生社团的登记事项、备案事项需要变更，应向学生会办公室（社团管理部）申请变更登记，社团修改章程，应经过全体会员大会通过，并报学生会办公室（社团管理部）初审，评议委员会审议。

第二十条 注销。凡发生下列情况之一的社团，由学生会办公室（社团管理部）对其给予警告，情节严重的予以注销，并报评议委员会备案：

（一）违反国家法律政策，严重触犯校纪校规，利用学生社团名义从事非正常社团活动；

（二）涉及宗教的内容并产生不良影响的；

（三）未经批准聚众集会的；

（四）违背意识形态者；

（五）开展与其章程、宗旨、内容、性质不符及纯商业性活动的；

（六）不服从学校党委领导和团委指导，不配合学生会办公室（社团管理部）工作；

（七）盗用团委或其他组织名义，造成严重后果的；

（八）学生社团会员不足 20 人的；

（九）学生社团违反本办法第十八条相关规定的，根据实际情况给予警告，情节严重者给予注销。

第二十一条 学生社团的注销及申诉流程：

除特殊情况，学生社团注销必须在社团成立 1 年之后方可接受。学生社团被注销之后，如需申请建立须按照新学生社团成立的要求执行。

（一）提交注销审批表

1. 主动注销情况下，由社团负责人联系学生会办公室（社团管理部），填写学生社团注销申请表；

2. 强制注销情况下，由学生会办公室（社团管理部）进行填写。

（二）社团注销确认会议

提交社团注销审批表后，7 个工作日之内学生会办公室（社团管理部）组织与社团负责人的见面会，社团至少派出 4 名成员（现任会长、前任会长以及普通会员两名）接受确认。

（三）注销公示

社团注销确认会议完毕后，将公示一个月，一个月以内，接受此学生社团任何成员提交的取消注销申请书。

（四）资料归档

由学生会办公室（社团管理部）统计注销社团的简介和活动记录，并存档保存。

（五）取消注销

注销公示期间，接受学生社团任何成员提交的取消注销申请书，经过学生会办公室（社团管理部）确认，申请人提交相关材料，应包含拟任负责人基本情况信息表；指导教师确认书；业务指导单位确认书；学生社团章程草案等，由学生会办公室（社团管理部）初审，报学院团委审议通过方可取消注销。

第二十二条 在学校党委的领导下，评议委员会定期组织开展学生社团排查工作。对于未按规定注册或政治导向错误、开展非法活动的学生社团依法依规予以取缔。对于校外人员未经学校许可，滥用、冒用学校名称（包括学校已申请注册具有法律效力的简称、别称）建立学生社团（含其运营的新媒体平台）在校内外开展非法活动的，除对其校内非法活动及活动据点予以取缔外，还将运用法律手段依法追究该非法社团及相关负责人的法律责任，维护学校和学生权益。

第五章 学生社团的指导教师

第二十三条 在党委领导下，学校建立学生社团指导教师选聘机制，注重发挥学校和二级学院的依托作用，按照个人申请、组织推荐、双向选择的原则建立指导教师库，并在教师库内选聘指导教师。加强对学生社团指导教师评价考核与激励，将指导教师纳入高校思想政治工作队伍培训计划，加大培训力度，指导教师享受相应待遇，并将指导学生社团情况纳入教师思想政治工作师德师风表现中。由评议委员会进行考核，对考核优秀的指导教师在职称评聘、评奖评优、岗位晋升同等条件下给予优先考虑，对考核不合格的指导教师要依规解除聘任。本章节具体情况详见《盘锦职业技术学院学生社团指导教师选聘及管理办法（修订征求意见稿)》。

第六章 学生社团活动管理

第二十四条 学生社团活动不得违反国家法律法规和学校的有关规定，社团活动要围绕学生综合发展全面成才的目标和学校的中心工作开展，与学校的各项工作和活动相协调，服从学校工作大局。社团活动应与本社团性质和特色相结合，原则上不批准与本社团性质无关活动的开展。学校鼓励和提倡学生社团开展积极向上、丰富多彩、富于开拓精神的校园科技、学术、文化、艺术、体育、志愿公益等方面的活动。

第二十五条 鼓励学生社团依据法律法规、校规校纪、社团章程广泛开展社团活动。积极创新载体形式，充分利用微信平台等新媒体技术，不断增强社团活动的吸引力和感染力。社团活动须经学生社团集体决策、指导教师同意并报社团管理部批准后方可开展。

第二十六条 学生社团及其成员不得开展与其宗旨不符的活动，不得开展纯商业性活动，不得参与违法违纪活动，不得散布违背宪法、法律法规和党的路线方针政策的错误观点和言论。未经批准，学生社团不得自行与校外任何单位、组织或个人签订任何形式的合约或协议，不得接受经费资助。

第二十七条 学生社团建立网站、新媒体平台及印发刊物等须报学生会办公室（社团管理部）审核备案。建立内容把关机制，确保发布内容积极健康。学生社团开展线上线下宣传、发布活动信息须经指导教师审核同意。

第二十八条 学校团委及各二级学院应加强对学生社团及其成员开展活动的规范管理和分类指导。发现违反法律法规或校纪校规的活动，要坚决及时制止。对违反法律法规或校纪校规的学生社团，要视情节严重，按程序对相关责任人给予纪律处分。在校期间受到校纪校规处分的、曾因违反有关规定被撤销社团职务的、对社团被宣布解散或注销应当承担主要责任的学生，不得再担任社团负责人。

第二十九条 学校努力为学生社团提供协调活动场地、器材、设备等方面的支持，为学生社团对外交流搭建平台。学生参与社团活动、担任社团负责人等情况，应纳入学生综合素质评价，使学生社团成为学生成长成才的重要平台。

第三十条 社团开展活动流程。

（一）学生社团举办的所有活动必须在学生会办公室（社团管理部）进行备案，征得指导教师的同意，经指导教师批准后，应在每学期初按要求向学生会办公室（社团管理部）提交本学期的活动策划，并在活动前至少10个工作日提交活动应急预案和相关场地申请表，经审查通过后方可举行。

（二）学生社团开展以下大型活动前必须向学生会办公室（社团管理部）申请，经审核批准通过后方可开展活动。

1. 申请使用校内室外场地且人数多于50人；

2. 使用可容纳100人以上多媒体教室或使用可容纳150人以上校内场地；

3. 参与人数超过200人；

4. 活动跨越两个以上（含两个）学期。

（三）学生会办公室（社团管理部）审核活动策划，审核通过，上报学校团委审批。审批通过的，按照活动策划开展相关活动，并有一名学生会办公室（社团管理部）学生干部全程督导活动的进行；活动结束后三天内，上报活动总结（文字、影像资料）。

（四）以盘锦职业技术学院××社团名义参加外联活动，如社会性质、联合其他高校活动、赛事等情况，需要向团委上报审批。

（五）学生社团举办下列活动，必须向评议委员会提出书面申请，审核批准后方可举行。

1. 参加校外单位举办的活动以及与校内其他单位或校外团体联合举办的活动；

2. 邀请校外人员在校内举办讲座，报告等活动；

3. 以学生社团名义在校外开展的活动。

第七章　经费管理

第三十一条　学生社团的活动经费必须用于章程规定的业务范围和社团事业的发展，任何个人不得侵占、私分或挪用。

第三十二条　学生社团的经费来源：

（一）团委以专项活动划拨的经费。

（二）严禁社团私自接受一切社会力量的捐助和资助，如确需接受社会力量的捐助，必须经学生会办公室（社团管理部）审批，并报评议委员会审核批准后方可按照社团管理办法执行，未经批准，任何学生社团均不得进行商业宣传或其他商业活动。

第三十三条　学生社团不允许私自收取会费或以任何名目收取其他费用。

第三十四条　社团的经费由学生会办公室（社团管理部）统一管理，设立专人负责日常的记录，建立收费台账，社团每学期向全体成员公布经费使用情况。学校团委做好社团经费来源、经费使用情况的监督指导工作，加强对学生社团接受校外资金的合法合规性审查和管理。

第三十五条　社团经费使用严格按照学校报销流程进行。

第八章　学生社团考核与奖惩

第三十六条　学生社团的考核在评议委员会的监督下，由学生会办公室（社团管理部）负责，具体按照盘锦职业技术学院学生社团考核相关规定执行。

第三十七条　对年审合格、注册登记的学生社团，团委开展优秀社团评选活动，对于表现优秀的社团，授予“优秀社团”称号，并纳入学生工作表彰范畴。获得“优秀社团”称号的学生社团，在下一年度在评奖评优、活动经费、场地协调等方面给予适当激励。

第三十八条　学生社团出现下列情况之一者，学生会办公室（社团管理部）提出意见，经评议委员会审议，将责令其停止活动，进行整顿：

（一）违反本办法第四章相关要求的。

（二）无负责人和无组织机构以及未及时完成换届。

（三）活动范围及内容与学生社团宗旨、章程相违背。

（四）应当进行定期注册而未注册。

（五）违反学校有关规定或不接受学校团委、校学生会办公室（社团管理部）的管理指导的。

（六）学生社团连续 3 个月未开展活动（包括日常活动及大型活动），两次无故旷会长例会的。

（七）其他应当停止活动，进行整顿的情形。

第三十九条 对未经批准擅自成立或被注销取缔后仍以学生社团名义进行活动且不听劝告者，学校将取缔其活动，对组织者按学校有关规定进行处理。

第九章 附则

第四十条 本办法适用于盘锦职业技术学院学生社团。

第四十一条 本办法最终解释权归盘锦职业技术学院团委所有，有权对本条例进行补充和修订。

盘锦职业技术学院勤工助学管理办法（修订）

为了全面落实党的教育方针，充分发挥勤工助学在我校实践育人中的作用，促进勤工助学活动健康有序开展，保障学生的合法权益，培养学生的自立能力、劳动观念和实践能力，帮助学生，特别是家庭经济困难学生完成学业，根据《中华人民共和国高等教育法》，教育部、财政部《高等学校勤工助学管理办法》等规定，制定本管理办法。

第一章 基本原则

第一条 勤工助学是学生在学校的组织下利用课余时间，通过劳动获得合法报酬，用于改善学习和生活条件的实践教育活动。勤工助学岗位是对学生进行思想教育的重要阵地，勤工助学活动是学校学生资助工作的重要组成部分，是学生进行社会实践、了解国情、了解社会的重要渠道，是提高学生综合素质和资助家庭经济困难学生的有效途径。

第二条 本办法学生指我校招收的全日制在校学生。为进一步加强家庭经济困难学生自立能力、劳动观念和实践能力的培养，我校所有被认定为家庭经济困难的学生均可参加勤工助学活动。

第三条 勤工助学活动必须坚持"立足校园、服务社会"的宗旨，按照学有余力、自愿申请、信息公开、扶困优先、竞争上岗、遵纪守法的原则，由学校在不影响正常教学秩序和学生正常学习的前提下有组织地开展。

第四条 勤工助学活动由学校统一组织和管理。任何单位或个人未经学校大学生资助管理中心同意，不得聘用在校学生从事体力及脑力劳动。学生私自在校外打工的行为，不在本办法规范之列。

第二章 管理机构

第五条 学校设立"勤工助学工作领导小组"，组长由学校大学生资助管理中心主任担任，成员包括各二级学院党总支副书记。

第六条 勤工助学工作领导小组负责制定学校相关政策，审批相关工作文件，全面领导、协调学校勤工助学工作。

第七条 学生资助管理中心设立勤工助学办公室，在勤工助学工作领导小组的领导下负责校内外勤工助学的日常管理和服务工作。

第八条 勤工助学办公室应充分发挥学生社团组织在勤工助学工作中的作用，共同做好勤工助学工作。

第九条 学校鼓励校外各企事业单位和个人为勤工助学岗位提供资金扶持。

第三章 勤工助学办公室工作职责

第十条 规范校内勤工助学活动。审批、设置勤工助学岗位，监督和指导勤工助学活动，引导学生积极参加有组织的勤工助学活动。

第十一条 统一管理校外勤工助学活动。积极收集校外勤工助学信息，开拓勤工助学渠道，对校外勤工助学用人单位进行资质审查，负责审批学生参加校外勤工助学活动的申请，协助学生、校外用人单位签订相关协议书，调解学生和用人单位之间的矛盾和纠纷，维护学生的合法权益。

第十二条 组织勤工助学学生进行必要的岗前培训，帮助学生树立正确的劳动观，对学生进行安全教育；建立勤工助学学生档案，为科学管理勤工助学工作等提供支持。

第四章 岗位设置

第十三条 校内各单位根据学校的管理体制、人事制度和本单位的工作量，本着必要、适当的原则申请设置勤工助学岗位。

第十四条 勤工助学岗位分为固定岗位和临时岗位。固定岗位指具有长期性的相对稳定的岗位；临时岗位指临时性的，为完成某些突击性工作任务设的岗位。

第十五条 固定岗位需在每学期开学20日内由设岗单位向学校后勤处和大学生资助管理中心提交，审批通过后，面向全校发布信息进行公开招募。

第十六条 岗位优先考虑低年级和家庭经济困难学生，如无特殊技能要求，原则上聘用勤工助学学生的各单位，家庭经济困难学生的人数比例应不低于80%。

第十七条 各单位设置勤工助学岗位时，应充分考虑学生的特点和工作性质，不得让学生从事危险性的、有害身心健康的、不便于学生参与的工作。任何单位不能占用学生上课、考试和实习等教学时间安排学生从事勤工助学活动，原则上每个固定岗位的月工作量不得超过 50 小时。

第十八条 每个岗位原则上每学期只聘用一个学生。如果学生课程多，业余时间少，用人单位可以聘用两个或多个学生，但学校按照岗位总工作量支付报酬。

第十九条 自行开发并支付报酬的岗位及用工情况，应及时报学生资助管理中心备案。

第二十条 固定岗位的劳动报酬，每月核发；临时岗位的劳动报酬，在临时性工作完成后核发。

第二十一条 勤工助学劳动报酬的标准，根据国家学生资助政策的调整和社会物价水平的变化适时调整。由学生资助管理中心提出调整方案，报学校勤工助学领导小组审批后执行。

第五章 工作程序

第二十二条 校内勤工助学的工作程序：

（一）校内勤工助学岗位的设置，由校内用人单位在规定时间内向学生资助管理中心提出书面申请。

（二）学生资助管理中心负责审批各单位设置的勤工助学岗位并将审定的勤工助学岗位在校内公布。家庭经济困难学生本人向所在二级学院提出申请，经各二级学院审核通过后上报至大学生资助管理中心和后勤处，各用人单位对所聘用学生进行面试。

（三）用人单位录用人选确定后，协议签订后开始上岗工作。

（四）校内用人单位负责对上岗学生进行岗前培训，在学生参加勤工助学工作期间对学生进行敬业精神、劳动安全、工作纪律等教育，做好对在岗学生的管理和考核工作。

（五）学生资助管理中心对参加勤工助学学生的岗位工作量、工作时间和学生的劳动表现进行审核汇总。

第二十三条 校外勤工助学的工作程序：

（一）有意向参加勤工助学的学生，在学生勤工助学办公室登记，提供与勤工助学有关的个人情况，包括工作意向、可支配时间及能力特长等情况。

（二）校外用人单位向学生勤工助学办公室提出书面申请，勤工助学办公室审核、确定校外勤工助学岗位。

（三）学生勤工助学办公室将勤工助学岗位公布公开招聘或直接推荐学生，并组织学生和校外用人单位签订具有法律效力的三方协议。协议签订后学生方可上岗。

（四）学生勤工助学办公室负责检查、监督校外勤工助学活动情况。学生在从事校外勤工助学活动时，应服从学生勤工助学办公室的管理。

（五）校外用人单位应向勤工助学办公室提供勤工助学情况的相关信息。

（六）社会企业、单位与学生会等学生社团开展的勤工助学活动需报学生勤工助学办公室审批并备案。

第六章　学生权利与义务

第二十四条　学生的权利：

（一）申请校内外勤工助学岗位。

（二）通过参加学校组织的校内外勤工助学活动，获得劳动报酬。

（三）获得学校勤工助学工作相关的各种信息和服务。

（四）了解用人单位的有关情况和工作性质，拒绝用人单位协议以外的工作要求和不适合学生参加的工作。

（五）在发生劳动争议时向大学生资助管理中心申诉并得到合理保护。

（六）向学生资助管理中心以及用人单位提出合理化建议的权利。

第二十五条　学生的义务：

（一）遵守用人单位的规章制度，履行勤工助学协议，遵守法律、法规及各项规章制度。

（二）遵守社会公德、职业道德，塑造良好的大学生形象，做到工作负责、诚实守信、谦虚谨慎、文明礼貌，不得有下列行为：

1. 私自离开工作岗位；
2. 弄虚作假，欺骗用人单位；
3. 消极怠工，拖延时间；
4. 故意损坏用人单位的财物；
5. 借勤工助学之名索取用人单位财物；
6. 向用人单位提出协议范围之外的不合理要求；
7. 其他有悖社会道德或有损大学生形象的行为。

（三）尽职尽责地完成工作岗位中需要完成的各项任务。

（四）在勤工助学活动中诚实守信，实事求是地填报各类信息。

（五）因违反本条例而引起的一切后果和责任，由学生本人承担。

第七章　用人单位权利与义务

第二十六条　用人单位的权利：

（一）在学校规定允许的范围内自行选择、聘用学生。

（二）校内用人单位可以提出支付学生劳动报酬建议，可与学生协商劳动报酬的标准。

（三）对学生进行岗位培训、管理、教育和考核。

第二十七条 用人单位的义务：

（一）遵守法律、法规和协议书的规定。

（二）负责本单位勤工助学岗位的设置，工作时间的安排，工作职责的制定。

（三）负责本单位勤工助学学生的选拔、岗前培训。

（四）提供良好的劳动条件和安全的劳动环境，保证学生的身心健康。不得组织学生参加有毒、有害和危险的生产作业以及超过学生身体承受能力、有碍学生健康的劳动。

（五）负责本单位勤工助学学生履职情况的考核，不得虚报、克扣、转让学生的合法报酬。

（六）对学生进行教育和引导，提高学生的劳动观念和劳动技能。

第八章 奖惩措施

第二十八条 学校每年对勤工助学工作中表现突出的学生和成绩显著的用人单位、有关部门和个人进行表彰和奖励。

第二十九条 经用人单位确认存在不认真履行岗位职责和义务的学生，经批评教育无任何悔改者，取消其勤工助学的资格。

第三十条 对于因参加勤工助学而影响学习的学生，学校可以暂停其勤工助学活动；对于违反法律法规、学校规章及协议规定的学生，学校可以取消该生参加勤工助学的资格。

第九章 附则

第三十一条 本办法未尽事宜，依照法律、法规和教育部、教育厅有关规定执行。

第三十二条 本办法由共青团盘锦职业技术学院委员会负责解释。

第三十三条 本办法自2021年10月起实施。

盘锦职业技术学院学生先进集体及先进个人评选实施办法

为进一步加强学风建设，发挥先进典型在学风、校风建设上的示范与引领作用，进一步调动广大学生勤奋学习、励志成才的主动性与积极性，促进形成比、学、赶、帮、超的良好氛围，提高学生综合素质，根据教育部有关规定和我校实际，特制定本方法。

一、评选项目

（1）三好学生。

（2）优秀学生干部。

（3）优秀毕业生。

（4）先进班级。

二、评选条件

（一）“三好学生”评选条件

凡在本学年内符合下列条件者均可参加“三好学生”评选。

1. 思想品德好。

（1）忠于祖国，思想积极向上，拥护国家政策法规，具有良好的道德品质、品行端正、关心集体、尊敬师长、团结同学。

（2）遵纪守法，自觉遵守和维护社会公德，模范遵守学校的规章制度，注意个人品德修养。讲文明，讲礼貌，举止得体。

（3）勤俭节约，热爱劳动，积极参加社会实践和公益活动，表现突出。

（4）坚持社会主义、集体主义、爱国主义。个人利益服从国家利益。积极、主动参加多项集体活动，反对极端个人主义。

2. 学习好。

（1）学习成绩优秀，学习态度端正，学习目的明确，专业思想牢固，有严谨求实的学习精神。

（2）勤奋学习，刻苦钻研、自觉遵守教学秩序，顺利完成各项学习任务，有较强的专业实践和分析问题的能力。

（3）本年度所有科目成绩无不及格情况，专业综合排名在30%以内。

3. 文体好。

积极参加文体活动，课外体育锻炼出勤率在80%以上，坚持体育锻炼，学年内达标成绩为良好以上，并且身体健康体能测试合格。

4. 入学后未受过纪律处分。

5. 模范作用发挥好，在各项活动中均能起到模范带头作用。

6. “三好学生”评选比例一般为学院学生总数的2.5%（具体名额以学生处当年下发的名额为准）。

（二）“优秀学生干部”评选条件

凡在学校、学院、班的党、团组织中担任一定职务的学生干部，均可参加优秀干部的评选。其条件如下：

1. 具备三好学生条件的第“1”条。

2. 担任学生干部工作半年以上，热情为师生服务，积极做好自己所承担的社会工作任务，认真负责，成绩显著，能密切联系群众（师生），处处起模范作用。

3. 组织管理和社会工作能力较强，工作积极主动，任劳任怨，有突出成绩，在学生中有较高的威信，能够出色地完成老师交办和职责内的工作任务。

4. 学习成绩良好，综合素质优，本年度成绩单科成绩无不及格情况（全年通过补考及格的科目不超过2科）。

5. 优秀学生干部评选比例为学生干部人数的10%（具体名额以学生处当年下发的名额为准）。

（三）“优秀毕业生”评选条件

1. 具备三好学生评选条件第1条、第2条、第3条。

2. 在校期间未受过纪律处分。

3. 在校期间表现优秀或经学校认定有突出贡献者。

4. 具有正确的择业观、就业观。就业过程中，能正确处理与国家需要的关系，服从国家需要。

5. 毕业时能做到文明离校。

6. 优秀毕业生评选比例为毕业生人数的8%～10%（具体名额以学生工作处当年下发的名额为准）。

（四）“先进班级”评选条件

总体要求：积极响应学校的各项号召，自觉遵守学校各项规章制度；有一个团结协作、奋发向上、以身作则的班集体；有积极上进、朝气蓬勃、文明健康的良好班风；班级干部热心为同学服务，能独立开展工作；全班同学都能遵守学生守则和日常行为规范；全班学生学习目的端正，班集体具有良好学风，积极开展各种有意义活动；全班同学能自觉锻炼身体，具有良好卫生习惯；在学校的各项活动和工作中走在前列。具体如下：

1. 学习目的

（1）全班同学学习目的明确，学习主动性、自觉性高。

（2）全班能认真开展热爱专业、树立正确学习目的的有效活动。

（3）积极参加各种学习竞赛、各类文体活动和课外科技活动。

2. 学习态度

（1）课堂学习认真：课堂秩序好。

（2）晚自习和早操出勤率均达到95%以上。

（3）作业能按时完成。保证质量，无抄袭作业现象，全班无因交作业不足2/3而被禁止考试者。

（4）能尊敬老师，教学互长。

（5）有互相帮助、互相学习、先进带后进的作风。

3. 学习纪律

（1）上课无迟到、早退、旷课现象。

（2）无考试作弊者。

（3）全班同学本年度无受记过以上处分者。

4. 先进班级评选比例为本学院在校班级（实习班级除外）总数的20%。

盘锦职业技术学院先进团支部、优秀团干部、优秀团员评选办法

共青团是党的助手和后备军，是协助学院党组织做好青少年学生思想道德建设工作的重要力量。为进一步推进我校团基层组织建设和发展，增强团组织的凝聚力和战斗力，激励先进，树立典型，充分发挥先锋模范带头作用，建立长效激励机制，特制定《盘锦职业技术学院先进团支部、优秀团干部、优秀团员评选办法》。

第一条 评选条件

（一）先进团支部的评选条件

1. 有健全完善的组织机构和制度，支委会分工明确，合作好。

2. 支部核心作用发挥突出，支委会关心团员思想、学习、生活、工作，支部成员关心集体，团结互助，是一个团结向上的集体。

3. 做好推荐优秀团员作为党的发展对象的工作。积极引导团员青年向党组织靠拢，有计划地向党组织推荐优秀团员青年党课学习和入党。

4. 学风优良，考风严明，班级团员青年学年平均成绩在同年级名列前茅。

5. 班级团员青年遵守国家法律，校纪校规。

6. 支部工作有特色，活动有创新，工作成绩突出，团支部及所属团员、团干部的基本信息均已登录“智慧团建”系统。

7. 学期工作有计划、有总结，活动有特色，发动面广，效果显著。

8. 团委组织部抽查班级团组织活动情况为良好以上。

（二）优秀团员评选条件

1. 热爱党，热爱祖国，拥护党的路线，方针和政策。

2. 思想进步，自觉参加政治学习和组织生活，政治思想素质好。

3. 业务学习态度端正，认真刻苦，学习成绩优良，无不及格现象。

4. 遵纪守法，为人正直，团结同学，积极完成组织交给的各项任务，未受校规校纪处分。

5. 热爱集体，积极参加公益活动，认真履行团员义务。

6. 德、智、体全面发展，本人学年度综合评定积分在本支部内名列前茅。

（三）优秀团干部评选条件

优秀团干部除具有优秀团员的条件外，还需具有：

1. 热爱本职工作，具有奉献精神；

2. 工作责任心强，踏实肯干，效果显著；

3. 坚持原则，敢于同不良现象作斗争；

4. 密切联系同学，关心同学疾苦，在同学中有很高的威信；

5. 所负责的部门工作成绩突出。

第二条 评选方式

（一）先进团支部的评选由各班团支部对本班工作进行全面总结，向所在学院团总支提交申请材料，学院团总支根据各团支部的情况进行考核，民主评议，采取集中决定的方式从中产生先进团支部。报校团委审批，确定先进团支部。

（二）优秀团员及团干部的评比以团支部为单位，召开支部大会，经班级团员民主评议后，由支委会根据条件和评议结果，全面衡量，进行确定。并征求班主任意见后，将名单送所在学院团总支审查，所在学院团总支向本系学生公示，广泛听取意见，报校团委审批，确定优秀团员、优秀团干部。

第三条 评选时间

每年9月份，开始申报、所在学院团总支初审、学校团委审批。

第四条 评选比例

（一）先进团支部的评选比例一般为团支部总数10%以内；

（二）优秀团员的评选比例原则上不得超过团支部在册团员数的2.5%；

（三）优秀团干部的评选比例为团支部在册团员数的2.5%。

第五条 表彰办法

校团委对评选出的先进团支部，优秀团员，优秀团干部进行表彰，发放荣誉证书或奖杯。

盘锦职业技术学院孤儿免学费管理办法（修订）

为切实解决在校孤儿大学生的学习和生活困难，帮助其顺利完成学业，根据文件《辽宁省教育厅、省民政厅、财政厅关于做好在校孤儿大学生资助育人工作的通知》（辽教发 [2021]43 号）要求，并结合我校实际在籍孤儿情况，建立孤儿大学生信息档案。将孤儿大学生全部纳入我校资助体系，现制定盘锦职业技术学院孤儿免学费管理办法。

第一条 免学费对象

在我校就读的孤儿大学生。

第二条 免学费标准

享受孤儿免学费政策的学生减免学费标准为本学年度应缴纳的学费及住宿费。

第三条 申请程序

（一）学生个人申请

符合条件的学生向所在二级学院提出免学费申请，提出申请的学生还需提交《孤儿证》复印件或根据实际情况提供的等同于孤儿相关证明材料。

（二）各二级学院初审

各二级学院要深入了解、摸清孤儿情况，经各二级学院学生资助工作领导小组初审后，汇总学生申请材料报学校大学生资助管理中心。

（三）学校审批

学校大学生资助管理中心对报送的材料进行复核、评审，将学校当年孤儿免学费建议名单，报校长办公会研究审定后，确定免学费学生名单。

第四条 相关要求

（一）学校团委将优先为孤儿大学生提供勤工俭学岗位。各二级学院也要高度重视孤儿教育及保障工作，要切实在学习、生活和心理等方面给孤儿学生提供一系列呵护，开展国家奖助学金等资助项目评审时，要优先考虑孤儿学生，以确保这部分学生在校期间能够轻松学习，健康成长，实现“一对一”精准帮扶；

（二）学校将对孤儿免学费对象实行动态管理，每年 9 月份对全校在籍孤儿大学生进行核对。各二级学院在开展贫困学生家庭走访活动时可适当选取部分孤儿学生家庭，在慰问的同时，如发现学生有弄虚作假行为，除取消免学费资格收回免学费资金外，提请学校给予相关的处理。

第五条 本办法自2021年10月起实施。

盘锦职业技术学院
学生资助工作投诉管理制度（修订）

第一条 为保护受资助学生的合法权益，及时发现和处理隐患问题，维护学校整体利益，特制定本规定。

第二条 适用于家庭经济困难学生对于正常工作渠道得不到解决的问题。

第三条 学校团委主管投诉处理工作。校学生资助管理中心负责投诉的接纳、协调处理、跟踪落实及督办等环节。学校团委负责对投诉问题的调查取证。

第四条 投诉的表述方式有：通过直接面谈、电话（学生资助管理中心投诉电话：0427-2936799）、发邮件（信箱地址：pjzyjsxytw@126.com）、寄实名信函等形式。

学校团委要详细填写《投诉办理单》，及时转交相关单位、部门办理；投诉人也可直接向学校团委办提交《投诉办理单》。

除上述之外的任何其他方式，均视为不正当方式；通过不正当方式进行的投诉不予受理。

第五条 学校团委受理投诉，有权了解有关细节情况。

第六条 投诉人对投诉的问题应尽量详细列举可靠的依据，同时必须对投诉内容的真实性负全责，严禁捏造或恶意夸大事实。如经查实与事实不符，构成诬告，学校对投诉人根据相关规定予以处理，情节严重的可提请司法机关依法追究其法律责任。

第七条 受理投诉单位（部门）必须对处理投诉的过程和结果负责，经查有不公正或泄密行为，学校可对直接责任人及所在单位（部门）负责人根据相关规定予以处理，情节严重的可提请司法机关依法追究其法律责任。

第八条 投诉性质划分为实名投诉和匿名投诉。

第九条 对重要的匿名投诉，要了解情况，审核可靠性；一般的匿名投诉只备案不处理。

第十条 对实名投诉，要认真对待，妥善处理，处理结果要反馈给投诉人。

第十一条 一般性投诉由学生资助中心调查、处理，并反馈给上级领导。

第十二条 重大事项的投诉上报学校主管领导调查处理。

第十三条 收到《投诉办理单》后，须在七个工作日内处理完毕；如不能单独处理，须在两个工作日内向学校主管领导汇报。

第十四条 投诉人在收到投诉反馈结果后，如果对反馈结果不满意，可向学校主管领导投诉。

第十五条 本制度自颁布之日起执行，最终解释权和修订权归学校团委。

盘锦职业技术学院学生证管理办法

第一条 根据《普通高等学校学生管理规定》(教育部令第 41 号)文件精神，结合我校实际情况，制定本办法。

第二条 学生证是学生的学籍身份证明，由学校在学生入学后统一发放。学生证记载的内容应当与学校学籍管理系统记载的内容相一致，如有不一致时，以学籍管理系统记载的为准。

第三条 每学期期初，学生将本人学生证交至所在学院，由学院统一到学生工作处加盖注册章。未能如期注册者，应当履行暂缓注册手续。未盖注册章的学生证无效。

第四条 学生每人只能持有一个学生证，应当妥善保管、爱护和规范使用，谨防丢失，不得擅自涂改或转借他人。

第五条 学生应如实填写学生证中的各项信息，如需修改学生证内容，或因学籍变动、延期毕业等原因需延长学生证有效期，应持有关部门证明材料到学生工作处办理。

第六条 学生火车票优惠卡，根据学生个人意愿办理，规范准确地填写优惠卡乘车区间。入学时，由学院统计信息，学生工作处统一办理。

第七条 学生证若丢失，找寻未果后及时补办，在指定时间持相关材料到学生工作处补办，并按规定缴纳学生证及学生火车票优惠卡工本费。

学生证若损坏需补办新证，或因学生证丢失补办新证后又找回原证的情况，应将原证交至学生工作处注销，不得私自保留。

第八条 学生办理保留学籍、转专业、休学、复学等学籍变动时，应持学生证到学生工作处进行学籍变动登记，由于信息改变，原学生证失效，需重新办理学生证，旧证收回，办理流程与正常补办流程相同。

转学、退学、被开除学籍的学生，应到学生工作处注销学生证。

第九条 学生有下列行为之一的，没收学生证，并视其情节轻重，分别进行口头批评、勒令书面检查、全校通报批评等处理，造成严重后果的，依照学校相关规定给予处分：

1. 擅自涂改学生证。
2. 冒用他人学生证。
3. 将学生证转借他人。

4. 加盖伪造的注册章。

5. 使用伪造、变造的学生证。

第十条 学生证未加盖钢印无效。

第十一条 本办法自发布之日起施行，由学生工作处负责解释。

盘锦职业技术学院学生文明行为规范

一、爱国爱校，遵纪守法，诚实守信，关心集体，尊敬师长，友爱同学。

二、勤奋学习，努力进取，勇于实践。上课不迟到，不早退，不旷课，遵守课堂纪律，不在上课期间使用手机。按要求上晚自习，并保证自习质量。按时完成作业，考试不作弊。

三、自觉参加早操，保证集合时间与做操质量。按《中华人民共和国国旗法》要求参加周一升旗仪式。

四、参加教学实践、生产实习等活动。严格遵守操作规程、实习规定及有关纪律。

五、遵守公德，爱护公物，保护环境，勤俭节约，文明礼貌，不吸烟，不饮酒赌博，不打架斗殴。

六、注重自身形象，着装朴素大方，使用文明用语，不讲粗话、脏话，不染发、烫发，不佩戴首饰。男女同学交往文明，举止得体，符合学生身份。

七、正确使用网络，不到校外个体网吧上网，不在网络上浏览不健康内容，不在网络上散布不实信息，不在学习时间玩电脑游戏。

八、自觉遵守大学生勤工助学规定，在学校期间不经商，不参加传销等非法活动。

九、自觉遵守学校公寓管理制度，保持宿舍清洁，按时休息，不在学生公寓大声喧哗，不私自乱接电源，不违章使用电器，不擅自住宿校外。

十、自觉遵守学生外出管理规定，不擅自离校，不组织、不参加未经批准的校外集体活动。

盘锦职业技术学院大学生文明公约

一、礼仪篇

仪表整洁，举止端庄。言行一致，诚实守信。

尊敬师长，团结同学。助人为乐，主动帮忙。

男女交往，得体适当。公共场所，轻言礼让。

为人处事，不卑不亢。志趣高雅，品行优良。

二、学风篇

勤奋好学，自立自强。学海无涯，思维宽广。

虚心求教，互助互帮。钻研技术，学有所长。

笃诚治学，精心思量。追求卓越，学有所成。

严谨求知，珍惜时光。学业有成，创造辉煌。

三、课堂篇

上课守时，关闭手机。不涂不画，爱护桌椅。

提问举手，答题起立。尊重师长，严守纪律。

禁吃零食，少说闲话。远离游戏，良好课堂。

保持清洁，环境优良。文明教室，你我受益。

四、课余篇

课间活动，休息调整。劳逸结合，安排得当。

集体活动，积极参与。欢乐之余，勿失尊严。

课余生活，多彩多样。升旗仪式，庄严肃穆。

人际交往，言语文明。陶冶情操，身心健康。

五、寝室篇

衣被床单，勤洗勤换。室内环境，整洁美观。
垃圾杂物，处置不乱。防火防盗，节水节电。
按时就寝，切勿喧哗。男女有别，宿舍不串。
夜不归宿，严厉禁止。文明寝室，努力争创。

六、食堂篇

走进食堂，文明礼让。遵守秩序，排队就餐。
科学饮食，身体康健。饮食卫生，自觉防范。
勤俭节约，消费适宜。餐前洗手，疾病远离。
进餐完毕，收拾餐具。文明食堂，健康你我。

七、实习篇

走出校门，参加实践。拜师学艺，刻苦钻研。
一技之长，岗位磨炼。学有所获，不忘师长。
施工现场，操作规范。自我保护，注意安全。
顶岗实践，勇挑重担。实习期满，总结经验。

八、活动篇

集体活动，踊跃参加。各类比赛，展示才华。
舞蹈歌唱，举止文雅。公益劳动，主动参加。
加入社团，提升能力。强健身心，陶冶情操。
爱好广泛，团结进取。内强素质，外树形象。

第四部分　学校图书馆制度

图书馆读者入馆须知

1. 读者凭一卡通通过门禁系统刷卡入馆，特殊情况须凭校内有效身份证件登记入馆，出馆时请走检测通道。

2. 一卡通只限本人使用，严禁转借，一旦遗失应及时到卡务中心办理挂失。

3. 出入通道时如监测器鸣响，请主动配合工作人员检查。

4. 读者入馆应着装整洁，举止文明，并将通信设备消音。

5. 刷卡入馆后请按规定将兜、包存入自助存包柜，禁止携带包、兜进入阅览藏阅区；如系学习所需携带笔记本电脑、相机等电子产品，须裸机入馆。

6. 讲究文明礼貌，维护公共秩序，保持馆内安静，请勿随意搬移阅览桌椅等设施。

7. 维护馆内安全，保持馆内卫生。禁止吸烟、嗑瓜子、随地吐痰、乱扔杂物等不文明行为。

8. 爱护图书及公共财物，禁止涂抹、刻画、撕毁或私携图书出馆，否则将按规定给予处罚。

9. 阅后能确定图书、报刊所在位置的，请放回原位；如不能确定原位，请放到桌上，由工作人员整理上架。

10. 请自觉遵守馆内的各项规章制度。

图书馆存包柜使用规定

1. 图书馆存包柜向全部到馆读者开放，无须办理手续，无偿使用。

2. 存包柜原则上采取“自助存包、一人一柜、锁具自备、责任自负”的形式存放物品。

3. 读者只能在图书馆当天开馆的时间内使用存包柜，图书馆闭馆前读者须取走所存放物品和锁具。

4. 图书馆每晚闭馆前对存包柜进行检查，凡滞留在存包柜内的物品，按无主物品处理。

5. 存包柜内不允许存放未办理借阅手续的馆藏书刊，不允许存放贵重物品，严禁存放易燃、易爆、易腐蚀等危险品，违反者后果自负，危害他人安全的，要依法依规移交有关部门处理。

6. 使用存包柜过程中要爱护公物，保证存包柜的清洁，使用过程中出现问题要及时向工作人员报告，不得私自处理，以免损坏。

7. 读者存放物品后，请妥善保管好钥匙。如钥匙丢失需取出物品时，请与工作人员联系，凭有效证件方可开锁领取物品。

8. 本规定未尽事宜，由图书馆负责解释。

图书馆读者自习规定

1. 读者可携带书、本、笔等学习资料与文具进入本室自习，带背包的读者请自觉将背包寄存到存包柜中。

2. 请自觉保持良好的学习环境与秩序，禁止用物品（书、包等）占座；严禁闲聊、喧哗、打闹，保持室内肃静，不影响他人自习。

3. 保持室内卫生，不随地吐痰、嗑瓜子、乱扔纸屑杂物。

4. 着装整洁得体，举止文雅，进入本室。

5. 严禁乱刻、乱写、乱画，养成爱护公物习惯。

6. 保管好随身携带贵重物品，如丢失、损坏责任自负。

7. 对不遵守纪律者，将视其违规情况，上报二级学院，暂停入馆。情节严重者，将给予相应的纪律处分。

图书馆图书借阅规定

1. 图书馆实行全开放式管理，读者凭校园一卡通自行到图书藏阅区浏览、借阅图书。

2. 阅后如不借阅，请将图书放回原处或放在还书车上，不要随意堆放在书架上。

3. 读者在借阅前，须认真检查书刊中有无污损、缺页、圈划等情况，如发现应主动向工作人员说明，并交由工作人员处理；否则归还时发现书刊有上述情况，则按相关规定处理（详见《图书馆关于图书遗失、损坏的赔偿规定》）。

4. 教职员工借阅册数为 5 本；学生借阅册数为 5 本。

5. 教职员工借阅期限为 30 天，学生 30 天，教职员工可续借 2 次，学生可续借 1 次，教职员工续借手续应在图书借阅到期之前的 10 日内办理，学生应在图书借阅到期之前的 5 日内办理；续借期自所借图书的到期之日算起，每次续借期限为教师 15 天，学生 7 天。借阅逾期将按照每本 7 天参加图书馆志愿服务 1 课时，逾期每本增加 7 天志愿服务增加 1 课时，依次类推。

6. 所借书刊在寒暑假内到期，可在假期结束后的 7 日内归还，不作逾期处理；所借图书在法定节假日内到达借阅期限，应在法定节假日结束后的 3 日内归还，不作逾期处理。

7. 所借图书若严重损坏或遗失，按相关规定赔偿（详见《图书馆关于图书遗失、损坏的赔偿规定》）。

图书馆关于图书遗失、损坏的赔偿规定

书籍是人类进步的阶梯，更是引领和文化传承的主要载体，阅读并爱惜图书使其最大限度地发挥其阅读功能，增强学生保护和爱惜图书的意识，是图书馆工作任务之一。我们本着“保护图书、减少其遗失、损坏”原则，特制订图书的遗失和损坏相关规定。

一、图书遗失赔偿规定

1. 单册图书遗失赔偿

需按版本相同或相近图书赔偿。

2. 多卷书遗失赔偿

（1）若不慎将多卷书的其中一卷图书丢失，则按版本相同图书赔偿；

（2）若在找不到版本相同图书情况下［如：该多卷书为三册即（上、中、下）遗失其上卷］，则按照多卷书全套价格赔偿。

3. 丛书遗失赔偿

（1）该套丛书中包含的图书均为独立的责任者及价格情况下，可按单册价格赔偿；

（2）若在该套丛书中包含多卷书，对于遗失的图书按多卷书的赔偿条款进行赔偿；

（3）线装书籍赔偿

（单册、多卷书和丛书的）线装书籍遗失其中一册，按全套价格三倍给予赔偿。

二、关于图书损坏的规定

1. 若图书轻度的外力破损，但内容完整在不影响借阅情况下，该读者参加图书馆自愿服务一课时；

2. 若因外力破坏图书的封面、书籍、页数等方面，影响图书馆正常借阅，按遗失图书情况进行处理；

3.（单册、多卷书和丛书的）线装书籍损坏其中一册，按全套价格三倍给予赔偿；

4. 精装工具书（特殊允许借阅情况下）单册、多卷、丛书若损坏，按版本相同或相近的图书赔偿。

三、读者遗失的图书赔偿后，从赔偿之日起一个月内找回原书，且无破损的，可将原书交回本馆，本馆退回所赔图书

图书馆报刊阅览规定

1. 报刊阅览区为开放式管理区域，读者进入该区时，请自觉服从工作人员管理监督；

2. 读者可自行取阅，每次只可取一本，报刊阅览后请放回原处，不要随意堆放在桌上或报刊架上；

3. 读者应爱护本区刊物，不得在期刊、报纸上涂写、圈点等，更不得撕页、损坏或盗走；

4. 阅览时请保持安静，禁止随意挪动阅览桌椅。如需复印，请与工作人员联系办理复印手续，复印完毕后立即归还；

5. 请读者不要在阅览区内嗑瓜子、吃泡泡糖等，自行产生的垃圾请投入垃圾箱内，不要遗留在桌面或地上；

6. 贵重物品请随身携带，自带的学习资料离馆时请带走，如有遗失，由读者自行负责。

图书馆过期报刊查阅规定

1. 过期报刊密集库仅对教师开放，限在库内查阅，概不外借。

2. 资料查阅完毕，请将其放回原处或交由管理人员处理，严禁乱堆乱放。

3. 读者查阅资料时，需爱护图书，不得随意涂、画、圈、点或卷折、剪裁和撕页。否则一经发现，管理人员将视其情节轻重，依据相关规定给予批评教育或罚款处理。

4. 教职员工如确因教学、科研等需要借阅过刊资料，须经书记或馆长批准后方可办理借阅手续，用毕按期归还。

图书馆工具书书库查阅规定

1. 工具书书库仅对教师开放，仅限在该库内查阅，概不外借。

2. 资料查阅完毕，请读者将图书资料放回原处或交由管理人员处理，严禁乱堆乱放。

3. 读者查阅资料时需爱护图书，不得随意涂、画、圈、点或卷折、剪裁和撕页。否则一经发现，管理人员将视其情节轻重，依据相关规定给予批评教育或罚款处理。

4. 教职员工如确因教学、科研等需要借阅图书资料，须经书记或馆长批准后方可办理借阅手续，用毕按期归还。

图书馆电子阅览室使用规定

1. 图书馆电子阅览室仅对本校师生员工开放。

2. 读者上机时，必须遵守《中华人民共和国计算机信息安全保护条例》《计算机信息网络国际联网安全保护管理办法》，以及国家和学校的其他有关规定。禁止在网上从事危害国家安全、泄露国家机密等犯罪活动，不得阅览、制作、传播和复制反动、黄色信息，禁止宣传邪教和从事迷信活动，因违反规定而造成的后果由本人承担，并追究相关责任。

3. 电子阅览室是利用各种信息资源学习新知识、新技术的场所。本室的计算机上不安装游戏软件，读者不得从网上下载游戏软件。

4. 读者要自觉维护电子阅览室的秩序和安全。

（1）自觉爱护阅览室的机器设备和公共财物，如遇到问题及时报告工作人员。

（2）读者一人一机，自觉维护网络安全，不使用不安全的存储设备，不自带笔记本，不得对微机系统进行任何修改和删除。

（3）注意保护个人的账号、密码、资料等信息安全。

（4）保持室内安静，请读者将手机调至振动或关机。

（5）保持室内安全和卫生，不得携带食品、雨具等入内。

图书馆多媒体视听室使用管理规定

多媒体集体视听室是我校师生利用视听资源进行学术交流、教学研讨的专用场所，也是为丰富学生校园文化活动设立的公共空间。适合开展教育活动、小型报告、讲座、会议及影视播放，面向校内师生团体免费借用，谢绝一切营利或商业行为使用。为加强管理，确保正常、安全、有序的使用，现对多媒体视听室使用管理作如下规定：

一、多媒体视听室的管理

1. 图书馆多媒体视听室仅限我校部门单位及教职工使用，使用前需向图书馆提出预约申请。

2. 借用时间：每学期（节假日除外）周一至周五的 08：30—16：00，如需晚自习或节假日使用，须申请部门领导同意并指定专人负责。

3. 多媒体视听室按照申请时间顺序安排使用，由图书馆进行审批和统筹调整。

4. 各单位、部门使用时须安排专人负责人员进场和退场的疏导并在场内进行组织和管理，活动组织者必须配合管理人员做好设备的使用及维护工作，尤其做好安全防范工作。

5. 视听室使用结束后，管理或使用负责人员要认真检查设备、关闭门窗及电源，确保场地安全。

6. 视听室管理人员对每次使用情况进行登记、检查。借用申请人需遵守使用管理规定，正确使用仪器设备，爱护室内设施，保持场地整洁；如遇设备出现异常，应及时联系专业技术人员，切勿擅自处置；如在使用期间发生人为损坏，由使用单位或个人负责照价赔偿。

7. 视听室管理人员经常对场地的线路、灯光、消防、通风设备和电气设备进行检查，防止因线路、灯与其他物品距离太近导致温度过高而引起的火灾事故。

二、多媒体视听室的使用要求

1. 申请单位负责审查会议、讲座和播放的视频影像资料的内容，对开展的活动全程监督，主题与申请内容不符时须及时制止。

2. 申请单位应确定专人负责联络和协调工作，学生参与举办的活动必须安排辅导员或教师全程参与指导和管理。

3. 各部门在已借用视听室的情况下不得转借给校外人员或单位进行与本校无关的各类活动。

4. 申请单位要按学校安全工作有关规定承担起安全责任，防范可能出现的各种问题及隐患。

5. 进入视听室须衣着整齐、举止文明。保持室内卫生干净，禁止大声喧哗；严禁吸烟、动用明火；禁止携带饮料、零食入场；禁止随地吐痰和丢弃垃圾。

6. 禁止在视听室墙壁或幕布上用双面胶、不干胶、胶水等黏性较强的粘贴物或大头针、钉子、曲别针贴海报、纸张、宣传画等。

7. 各部门使用完毕要负责场所的卫生清理、清洁工作。

8. 墙面、地面、窗户（玻璃）、座椅等地方，使用者应注意爱护，防止坚硬物的磕碰、划痕。

9. 视听室管理人员应加强对视听室安全工作的监督检查，发现问题及时解决，杜绝隐患。使用视听室的部门和个人亦须增强安全防范意识和节约意识，保证秩序。在遇到停电、烟雾、火灾等突发情况时，所有人员应服从工作人员指挥，迅速安全离场。

10. 使用完毕后，由使用负责人和管理人员共同检查，出现问题及时上报，及时处理，以备下次正常使用。

11. 凡违反上述规定的，管理人员有权采取制止违规行为、请出场外直至谢绝入场等处理办法。

图书馆接受捐赠图书细则

盘锦职业技术学院图书馆接受本校师生、社会各界人士及机关团体向图书馆捐赠图书，为保证此项工作有效开展，特制定如下捐书细则：

一、根据文献要满足学校教学科研需求的原则，所捐赠图书应符合如下要求：

1. 适合我校师生阅读。
2. 内容适应本校教学和科研工作需求。
3. 本校教师、学生、校友的著作。
4. 捐赠者认为有相当价值的其他文献。

二、捐书时间

长期接受捐赠。

三、入藏范围

1. 正式出版物，并酌情接收具有较高学术价值及收藏价值的非正式出版物。
2. 与学校学科和专业设置、教学和科研发展方向密切相关的各类图书。
3. 本馆缺藏或本馆需增加复本的各类图书。
4. 其他有入藏价值的图书文献。

四、下列图书将不予入藏：

1. 违反《中华人民共和国著作权法》及其相关法律明确规定的各类违禁出版物。
2. 破损严重，已不能正常使用的图书。
3. 内容低俗或陈旧，不具有学术参考价值的或宣扬封建迷信，言论、观点反动的图书。
4. 成套（多册、卷）丢卷缺册的不完整的图书。
5. 一切盗版以及其他不符合本馆馆藏发展政策的图书文献。

五、受赠图书处理事宜

1. 图书馆接受赠书后，即拥有对该图书所有权和处理权。

2. 图书馆不承担将捐赠图书寄还捐赠者的义务。

3. 对满足入藏条件的图书按照图书馆馆藏图书办法处理。

4. 对收到的不满足入藏条件的图书，图书馆有权转赠给其他机构、个人或与学校有关部门，联系转赠给需要帮助的同学，或者做淘汰处理。

六、受赠方式

1. 直接送达：图书馆一楼 105 室

联系电话：0427-2936023，13700078015，13610879206

联系人：于丽丽，周琳

2. 邮寄地址：盘锦市辽东湾新区学院路 1 号盘锦职业技术学院图书馆 105 室

邮编：124000

3. 上门接取：大批捐赠可由图书馆派人接取

联系电话：0427-2936023

七、颁发证书

1. 图书馆按照捐书数量对捐赠图书者发放盖有我馆捐书章的捐赠荣誉证书或填写回执，以示感谢。

2. 本校同学（捐赠时需携带学生证）若一次性捐赠 5 册以上高质量图书（具有实效性的教参、专业书、素质教育类图书等，不包括公共基础课教材）；教师若一次性捐赠 10 册以上高质量图书，图书馆将向其发放特别捐书荣誉证书。